DIE AUGEN DER HAUT

Juhani Pallasmaa

DIE AUGEN DER HAUT

Architektur und die Sinne

Übersetzt von Andreas Wutz

Atara Press

Die Originalausgabe erschien unter dem Titel:
The Eyes of the Skin: Architecture and the Senses
© 2005 John Wiley & Sons Ltd.

2., überarbeitete Auflage
© 2013 Atara Press, Los Angeles
Übersetzung © 2013 Atara Press

Umschlagillustration: Caravaggio, *Der ungläubige Thomas,* 1601/02.
© Stiftung Preußische Schlösser und Gärten, Berlin-Brandenburg.
Umschlaggestaltung: Artmedia Press Ltd. London

Bibliografische Information der Deutschen Nationalbibliothek
Die Deutsche Nationalbibliothek verzeichnet diese Publikation in der Deutschen
Nationalbibliografie; detaillierte bibliografische Daten sind im Internet über
http://dnb.dnb.de abrufbar.

Atara Press Los Angeles
Library of Congress Control Number: 2011961984
ISBN 9780982225165
atarapress.com

INHALT

DÜNNES EIS

Steven Holl

Als ich im regnerischen New York mit dem Schreiben dieser Zeilen begann, musste ich an den frischen weißen Schnee denken, der eben in Helsinki gefallen war, und das erste dünne Eis. Mir fielen Geschichten über den kalten Winter in Finnland ein, wo jedes Jahr improvisierte Straßen über die dick zugefrorenen Seen des Nordens angelegt werden, um den Weg abzukürzen. Monate später wird das Eis wieder dünner, doch irgend jemand riskiert immer noch, über den See zu fahren, und bricht dabei ein. Ich stelle mir den letzten Blick hinaus auf die weißen Eisschollen vor, die überall in dem kalten schwarzen Wasser verteilt sind, und wie es gurgelnd in dem versinkenden Auto emporquillt. Finnlands Schönheit ist tragisch und mysteriös zugleich.

Juhani Pallasmaa und ich begannen uns über die Phänomenologie der Architektur auszutauschen, als ich im August 1991 zum ersten Mal nach Finnland reiste, um am 5. Alvar-Aalto-Symposium in Jyväskylä teilzunehmen.

Im Oktober 1992 trafen wir uns erneut in Helsinki, als ich dort an meinem Wettbewerbsentwurf für das Museum für Zeitgenössische Kunst arbeitete. Ich erinnere mich noch gut an ein Gespräch über die Schriften Merleau-Pontys und darüber, wie sich diese auch hinsichtlich der Erfahrung von Raumfolgen, Strukturen, Material und Licht in der Architektur interpretieren lassen. Ich weiß noch, dass dieses Gespräch bei einem Mittagessen unter Deck in einem gewaltigen Holzschiff stattfand, das im Hafen von Helsinki vor Anker lag. Der Dampf stieg in kleinen Kringeln von der Gemüsesuppe auf, während sich das Schiff leicht im teilweise zugefrorenen Wasser wiegte.

Ich habe die Architektur von Juhani Pallasmaa selbst erleben dürfen; angefangen von seinen wundervollen Ergänzungsbauten für das Museum in Rovaniemi bis hin zu seinem hölzernen Sommerhaus auf einer wundersamen kleinen Felseninsel in den Schären vor Turku. Wie sich diese Orte und Räume anfühlen, sich anhören und wie sie riechen, ist ebenso bedeutsam wie ihr Aussehen. Pallasmaa ist nicht nur ein Theoretiker, er ist auch ein brillanter Architekt mit einem großen phänomenologischen Verständnis. Er praktiziert eine Architektur der Sinne, welche zu analysieren unmöglich ist. Doch mit ihren phänomenologischen Eigenschaften bildet sie das konkrete Gegenstück zu seinen Schriften und lässt diese zu einer veritablen Architekturphilosophie werden.

1993 schließlich, einer Einladung von Toshio Nakamura folgend, arbeiteten wir zusammen mit Alberto Pérez-Gómez an dem Buch *Fragen der Wahrnehmung: Eine Phänomenologie der Architektur*. Ein paar Jahre darauf beschlossen die Herausgeber der Architekturzeitschrift *A+U*, das kleine Büchlein noch einmal aufzulegen, weil sie meinten, es hätte sich auch für andere Architekten als wichtig erwiesen.

Juhani Pallasmaas *Die Augen der Haut* ist aus *Fragen der Wahrnehmung* hervorgegangen, bietet jedoch eine noch knapper gefasste und anschaulichere Begründung für die Dringlichkeit einer Auseinandersetzung mit den phänomenologischen Dimensionen menschlicher Erfahrung in Architektur. Seit *Architektur – Erlebnis* (1959) des dänischen

Architekten Steen Eiler Rasmussen hat es keinen derart prägnanten und klar verständlichen Text mehr gegeben, der Studenten und Architekten in dieser kritischen Zeit dazu dienen könnte, eine Architektur des 21. Jahrhunderts zu entwickeln.

Merleau-Pontys Buch *Das Sichtbare und das Unsichtbare*, an welchem er noch bis kurz vor seinem Tod schrieb, enthält ein erstaunliches Kapitel: »Die Verflechtung – Der Chiasmus«. (Genau genommen war es sogar die Quelle für den Titel, den ich 1992 meinem Wettbewerbsbeitrag für das Museum für Zeitgenössische Kunst in Helsinki gab – Chiasmus wurde zu Kiasma, da es im Finnischen kein ›C‹ gibt.) In diesem Kapitel gibt es einen Text, in welchem sich Merleau-Ponty mit dem ›Horizont der Dinge‹ befasst: »[…] der Horizont ist ebenso wenig wie der Himmel oder die Erde eine Ansammlung fester Dinge, eine Klassenbezeichnung, eine logische Möglichkeit des Begreifens oder ein System der ›Potentialität des Bewusstseins‹: er ist ein neuer Seinstypus, ein Sein der Durchlässigkeit, der Trächtigkeit oder der Generalität […].«[1]

Im ersten Jahrzehnt des 21. Jahrhunderts reichen diese Gedanken über den Horizont hinaus und gehen »unter die Haut«. Auf der ganzen Welt, und angetrieben durch eine übertriebene Werbemaschinerie, dienen Konsumgüter dazu, unser Bewusstsein zu zersetzen und unser Reflexionsvermögen zu zerstreuen. Auch in der aktuellen Architektur mit ihren neuen, digital überfrachteten Techniken ist ein Hang zum Hyperbolischen zu verzeichnen. Vor diesem lauten, lärmenden Hintergrund evoziert Pallasmaas Buch eine Atmosphäre besinnlicher Einsamkeit und Entschlossenheit, die er einmal »Die Architektur der Stille« genannt hat. Ich werde meinen Studenten mit großem Nachdruck empfehlen, dieses Buch zu lesen und über den »Hintergrundlärm« nachzudenken. Unser »tiefster Grund des Seins« steht heute auf dünnem Eis.

DIE WELT BERÜHREN

Juhani Pallasmaa

1995 luden mich die Herausgeber des Academy Verlags in London dazu ein, einen Band für ihre Reihe ›Polemik‹ zu schreiben. Der Text sollte in Essay-Form erscheinen, 32 Seiten lang sein und von einem Thema handeln, das mir für den damaligen architektonischen Diskurs relevant schien. Das Ergebnis – mein kleines Büchlein *Die Augen der Haut: Architektur und die Sinne* – wurde ein Jahr später veröffentlicht.

Der zweite Teil meines Manuskripts basierte in seinen Grundzügen auf einem Essay mit dem Titel ›Eine Architektur der sieben Sinne‹. Dieser war zuvor in *Architecture + Urbanism, Fragen der Wahrnehmung* (englischer Titel: Questions of Perception; Sonderausgabe vom Juli 1994) veröffentlicht worden; einer Publikation über das Werk des Architekten Steven Holl mit Beiträgen von ihm selbst und von Alberto Pérez-Gómez. Eine Vorlesung über die Phänomenologie der Architektur, die ich im Juni 1995 in einem Seminar an der Königlich Dänischen Kunstakademie in Kopenhagen hielt (zu dem auch die anderen drei Autoren von *Fragen der Wahrnehmung* Vorträge beisteuerten), lieferte schließlich die wesentlichen Argumente und Belege für den ersten Teil.

Dennoch war ich einigermaßen überrascht, dass das kleine Büchlein derart positiv aufgenommen wurde und schnell zur Pflichtlektüre von zahlreichen Architekturtheorie-Seminaren auf der ganzen Welt avancierte. Es dauerte nicht lange, und die Auflage war ausverkauft und das Buch nur noch in Form unzähliger Fotokopien im Umlauf.

Die Augen der Haut war eine Streitschrift, die weitestgehend von persönlichen Erfahrungen, Annahmen und Ansichten ausging. Ich hatte mir zunehmend darüber Gedanken gemacht, wie und warum visuelle Wahrnehmung beim Entwerfen, in der Architekturlehre und in der Architekturkritik bevorzugt und gleichzeitig andere Sinneseindrücke vernachlässigt wurden. Das hieraus resultierende Verschwinden sinnlicher und sensorischer Qualitäten aus Kunst und Architektur erfüllte mich mit Sorge.

In den Jahren, die seit der Niederschrift des Buchs vergangen sind, ist das Interesse an der Bedeutung der Sinne – sowohl im Bereich der Philosophie als auch in Bezug auf die Architekturerfahrung, -produktion und -lehre – deutlich gestiegen. Meine Thesen zur Rolle des Körpers als Sitz und Ort der Wahrnehmung, des Denkens und des Bewusstseins sowie zur Bedeutung der Sinne bei der Artikulation, Speicherung und Verarbeitung von Eindrücken und Gedanken sind seither weiter bekräftigt und bestätigt worden.

Mit dem Titel ›Die Augen der Haut‹ wollte ich vor allem die Bedeutung des Tastsinns für unsere Erfahrung und unser Verständnis der Welt ausdrücken. Gleichzeitig hatte ich die Absicht, die immer unüberwindbarer scheinende Dominanz des Sehsinns aufzubrechen und ihn konzeptionell enger mit dem unterdrückten Tastsinn und dessen besonderen Eigenschaften zu verknüpfen. Beim Verfassen dieses Buches habe ich auch gelernt, dass unsere Haut sogar dazu in der Lage ist, eine ganze Anzahl von Farben zu unterscheiden. Wir können also tatsächlich mit unserer Haut sehen.[1]

Die vorrangige Bedeutung des Tastsinns ist mir so immer deutlicher geworden. Ebenso erwachte mein Interesse daran, wie peripheres und ungerichtetes Sehen wirkt und welche Rolle es für unsere Erfahrung der Außenwelt sowie der Innenräume spielt, die wir bewohnen. Konkret erlebte Erfahrung beruht im Wesentlichen auf haptischen Eindrücken und peripheren Seheindrücken. Fokussierte, zielgerichtete visuelle Wahrnehmung stellt uns der Welt gegenüber, wohingegen periphere visuelle Wahrnehmung uns einbindet in das »Fleisch der Welt« (Merleau-Ponty). Neben der Kritik an der Hegemonie visueller Wahrnehmung erscheint es aber auch notwendig, das Wesen des Sehens an sich noch einmal zu überdenken.

Alle Sinne, einschließlich des Sehsinns, sind Erweiterungen des Tastsinns. Genauer gesagt sind sie Spezialisierungen des Hautgewebes, und alle sensorischen Erfahrungen entstammen verschiedenen Arten der Berührung. Mit Hilfe dieser spezialisierten Zonen unserer Schutzhülle, auf der Grenzfläche des Selbst, treten wir mit der Welt in Kontakt.

Die Ansicht des Anthropologen Ashley Montagu mag, auf medizinische Beweise gestützt, den Vorrang einer Welt des Haptischen bestätigen:

[Die Haut] ist das älteste und das empfindlichste unserer Organe, unser wichtigstes Kommunikationsmittel und unser wirksamster Schutz [...] Sogar die transparente Hornhaut unserer Augen ist von einer modifizierten Hautschicht überzogen [...] Der Tastsinn ist der Ursprung unserer Augen und der Ohren, der Nase und des Mundes. Er ist der Sinn, aus dem heraus sich alle anderen Sinne entwickelt haben; dies mag auch die historische Tatsache belegen, dass der Tastsinn über Jahrhunderte hinweg als »die Mutter aller Sinne« betrachtet wurde.[2]

Der Tast- und Berührungssinn ist diejenige Sinnesart, die unsere Welt- und unsere Selbsterfahrung am stärksten miteinander verbindet. Sogar visuelle Wahrnehmungen werden in das haptische Wahrnehmungskontinuum des Selbst hinein- und aufgenommen. Mein Körper erinnert sich, wer ich bin und wo in der Welt ich bin. Mein Körper ist tatsächlich der Nabel der Welt, jedoch weniger im Sinn eines zentralperspektivischen Betrachters als vielmehr als der Ort schlechthin für die Bildung von Referenz, Erinnerung, Vorstellung und Integration.

Es leuchtet daher schnell ein, dass ›lebenssteigernde‹[3] Architektur alle unsere Sinne gleichzeitig ansprechen muss, um unser Selbstbild mit unserer Welterfahrung zu vereinen. Die wesentliche Aufgabe der Architektur ist es, uns – auch geistig – zu beherbergen und in die Welt zu integrieren. Architektur artikuliert unsere Erfahrungen des In-der-Welt-Seins und stärkt unseren Sinn für die Wirklichkeit und für uns selbst; sie lässt uns nicht nur reine Fantasiewelten bewohnen.

Wenn unser Selbstempfinden erst einmal durch Kunst und Architektur gestärkt ist, erlaubt es uns, in die geistigen Dimensionen von Traum, Imagination und Begehren vorzustoßen. Gebäude und Städte schaffen auf diese Weise einen Horizont: für das Verstehen der menschlichen Existenzbedingungen und für die Konfrontation mit sich selbst. Anstatt lediglich optisch verführerische Objekte zu schaffen, verbindet, vermittelt und erzeugt Architektur Sinnhaftigkeit. Der tiefste Sinn jedes Gebäudes liegt jenseits der Architektur; sie führt unser Bewusstsein zurück in die Welt und hin zu unserem eigenen Selbst- und Seinsempfinden. Sinnstiftende Architektur lässt uns uns selbst als ganzheitliche körperliche und geistige Wesen erfahren. Das ist die eigentliche große Aufgabe bedeutender Kunst.

Wenn wir Kunst erfahren, findet ein besonderer Austausch statt; ich leihe gleichsam meine Gefühle und Assoziationen dem Raum, und der Raum leiht mir dafür seine Aura, die meine Wahrnehmungen und Gedanken anregt und ihnen Freiraum gibt. Architektur wird nicht als eine Reihe isolierter Bilder auf unserer Netzhaut erfahren, sondern in ihrer alles umschließenden Materialität und durch den Geist und das Wesen, das sie darin verkörpert. Sie bietet angenehme Formen und Oberflächen an, die dafür geformt sind, mit dem Auge und mit anderen Sinnen »berührt« zu werden. Sie bindet und schließt aber auch physische und geistige Strukturen mit ein und verleiht unserer Existenzerfahrung dadurch einen stärkeren Zusammenhalt und tieferen Sinn.

Sowohl Künstler als auch Handwerker sind an ihrer Arbeit direkt mit dem ganzen Körper beteiligt; ihre existenziellen Erfahrungen sind nicht rein auf ein äußeres, als Objekt vorliegendes Problem fixiert. Bei kreativer Arbeit finden starke Identifikations- und Projektionsprozesse statt, welche die gesamte körperliche und geistige Verfassung des Künstlers beanspruchen und sie zum zentralen Ort des kreativen Prozesses machen. Ludwig Wittgenstein, dessen Philosophie eher dazu tendiert, sich losgelöst von Körperbildern zu präsentieren, räumt jedoch beiden, der Philosophie und der Architektur, eine wechselweise Einflussnahme auf unser Selbstbild ein: »Die Arbeit an der Philosophie ist – wie vielfach die Arbeit in der Architektur – eigentlich mehr die Arbeit an Einem selbst. An der eignen Auffassung. Daran, wie man die Dinge sieht [...].«[4]

Der Computer wird gewöhnlich als eine ungemein segensreiche Erfindung betrachtet, welche der menschlichen Fantasie größere Freiheit verschafft und effektiveres Gestalten ermöglicht. Doch gerade an der augenblicklichen Rolle des Computers im Gestaltungsprozess habe ich erhebliche Zweifel. Die Erzeugung computergestützter Bilder neigt dazu, unsere großartigen multisensorischen, simultanen und synchronen Vorstellungsfähigkeiten zu verflachen, indem sie den Gestaltungsvorgang zu einem passiven visuellen Manipulationsvorgang macht, zu einer Flimmerfantasie auf unserer Netzhaut. Der Computer schafft zwischen dem Gestalter und seinem Objekt Distanz, wogegen ihm Handzeichnung

und Modellbau einen direkten haptischen Kontakt ermöglichen. In unserer Vorstellung befindet sich das Objekt immer
gleichermaßen in unserer Hand wie in unserem Kopf, und
das vorgestellte Bild wird genauso wie das projizierte physische Bild durch unseren Körper geformt. Wir befinden uns
gleichzeitig innerhalb und außerhalb des Objekts. Kreative
Arbeit erfordert die Einheit von Körper und Geist, ihr em-
pathisches und feinfühliges Zusammenwirken.

Die Erfahrung einer alles umhüllenden Räumlichkeit,
Innerlichkeit und Berührbarkeit wird auch stark durch die
bewusste Vermeidung jeder ausgerichteten, fokussierten
Sehweise beeinflusst. Diese Frage hat bislang kaum Eingang
gefunden in den theoretischen Diskurs über Architektur, da
Architekturtheorie weiterhin nur an streng ausgerichteten
Sehweisen, bewusster Intentionalität und perspektivischer
Repräsentation interessiert ist.

Fotografien von Architektur sind meist stark mittenbe-
tont und auf die formale Gestalt fokussiert; die wirkliche
Qualität von Architektur jedoch scheint weit mehr von der
Natur eines peripheren Sehens abzuhängen, welches das Sub-
jekt mit einem Raum umschließt. Ein Wald oder ein reich
ausgeformter architektonischer Raum zum Beispiel bieten
vielfältige Stimuli für unser peripheres Sehen. In diesen Räumen steht der Betrachter selbst im Mittelpunkt. Die Welt
der vorbewussten Wahrnehmung, welche nur außerhalb
des fokussierten Sehbereichs erfahren werden kann, scheint
existenziell genauso wichtig zu sein wie das fokussierte Bild
selbst. Tatsächlich gibt es auch medizinische Beweise dafür,
dass peripheres Sehen einen höheren Stellenwert für unser
Wahrnehmungs- und Denksystem besitzt.[5]

Angesichts der heutigen architektonischen und städti-
schen Räume mögen wir uns manchmal wie Außenseiter
vorkommen. Doch die Ärmlichkeit, die wir dort empfinden
und wahrnehmen, können wir auch als Folge einer Verküm-
merung des peripheren Sehens interpretieren. Dazu brauchen

wir uns nur vor Augen zu führen, wie sehr uns die Eindrücke einer natürlichen und historisch gewachsenen Umgebung emotional berühren können. Unbewusste periphere Wahrnehmung überführt rein visuelle ›Gestalt‹ in räumliche und körperliche Erfahrungen. Eine periphere Sehweise umgibt uns immer mit Raum, während eine streng ausgerichtete, fokussierte Sehweise uns aus ihm hinausdrängt und zu bloßen Zuschauern macht.

Ein Blick, der eher defensiv und ungerichtet ist, wird in einer Zeit wie der unseren, die derart mit Sinneseindrücken überladen ist, neue Bereiche des Sehens und Denkens eröffnen können; der Verlust des Fokus wird uns endlich vom ewigen Wunsch des Auges nach Kontrolle und patriarchalischer Macht befreien.

»*Sehe mit fühlendem Aug', fühle mit
sehender Hand.*«

Johann Wolfgang von Goethe[1]

»*Meine Fersen bäumten sich, meine Zehen
horchten, dich zu verstehen: trägt doch der
Tänzer sein Ohr – in seinen Zehen!*«

Friedrich Nietzsche[2]

»*Wenn der Körper leichter zu verstehen
gewesen wäre, hätte niemand gedacht, dass
wir auch Geist besitzen.*«

Richard Rorty[3]

»*Der Geschmack eines Apfels [...] entsteht
erst im Kontakt der Frucht mit dem
Gaumen, und nicht schon in der Frucht
selbst; dementsprechend [...] entsteht Poesie,
wenn ein Gedicht auf seinen Leser trifft,
und nicht durch eine Reihe von Zeichen,
die ein paar Buchseiten bedecken. Das
Wesentliche ist dabei das ästhetische
Ereignis, der ›Thrill‹, die physische
Verwandlung, welche jede Lektüre
bewirkt.*«

Jorge Luis Borges[4]

»*Wie sollten der Maler oder der Dichter
von etwas anderem sprechen als von ihrer
Begegnung mit der Welt?*«

Maurice Merleau-Ponty[5]

TEIL 1

Visuelle Wahrnehmung und Erkenntnis

In der Geschichte der westlichen Kultur wurde der Sehsinn schon immer als der vornehmste unter den Sinnen betrachtet und Denken selbst oft im Sinne von Sehen aufgefasst. Schon im klassischen Denken der Griechen basierte Gewissheit auf Sehen und Sichtbarkeit. »Die Augen sind genauere Zeugen als die Ohren«, schrieb Heraklit in einem seiner Fragmente.[6] Platon betrachtete die Sehkraft als größtes Geschenk an die Menschheit[7] und vertrat die Ansicht, dass auch ethische Universalien dem ›geistigen Auge‹[8] zugänglich seien. Auch Aristoteles hielt den Sehsinn für den edelsten aller Sinne, »weil er aufgrund der relativen Immaterialität seiner Erfahrungen dem intellektuellen Verstehen am nächsten kommt.«[9]

Seit der Zeit der Griechen quellen philosophischen Schriften geradezu über von Augenmetaphern. Sie alle wollen uns verdeutlichen, dass Wissen gleich klares Sehvermögen und Licht eine Metapher für Wahrheit ist. Thomas von Aquin wendet den Begriff des Sehens sogar auf andere Bereiche der Sinneswahrnehmung sowie auf geistige Erkenntnis überhaupt an.

Sehr schön fasst Peter Sloterdijk die Bedeutung des Sehsinns für die Philosophie zusammen: »Die Augen sind die organischen Vorbilder der Philosophie – ihr Rätsel ist, dass sie nicht nur sehen können, sondern auch imstande sind, sich beim Sehen zu sehen. Das gibt ihnen eine Vorrangstellung unter den Erkenntnisorganen des Körpers. Ein guter Teil des philosophischen Denkens ist eigentlich nur Augenreflexion, Augendialektik, Sich-sehen-Sehen.«[10] In der Renaissance wurden die fünf Sinne als ein hierarchisches System aufgefasst, mit dem Sehsinn an oberster und dem Tastsinn an unterster Stelle. Das Sinnessystem der Renaissance bezog sich dabei auf die Vorstellung eines kosmischen Körpers. Darin entsprach der Sehsinn dem Feuer und dem Licht, der Hörsinn der Luft, der Geruchssinn dem Dampf, der Geschmackssinn dem Wasser und der Tastsinn schließlich der Erde.[11]

Mit der Erfindung der perspektivischen Darstellung wurde das Auge zum Mittelpunkt aller Wahrnehmungswelten und nahm damit auch in der Vorstellung des Selbst eine zentrale Stellung ein. Die perspektivische Darstellung verwandelte sich in eine symbolische Form, welche Wahrnehmung nicht nur beschrieb, sondern sie auch bedingte.

Zweifellos hat unsere von Technologie geprägte Gegenwartskultur die Sinne noch stärker untergliedert und voneinander getrennt. Sehen und Hören gehören heute im sozialen Kontakt zu den bevorzugten Sinnen, wohingegen die drei anderen nur noch als archaische Sinnesrelikte betrachtet werden, die bestenfalls im Privatbereich eine Rolle spielen. Meistens werden sie deshalb von unserem kulturellen Kodex unterdrückt. Lediglich einzelnen nicht visuellen Sinneserfahrungen wie dem olfaktorischen Genuss von Speisen, dem Wohlgeruch der Blumen oder Wärmeempfindungen gestatten wir trotz des Okularzentrismus und der Hygienebesessenheit unserer kulturellen Vorstellungen noch, in unser kollektives Bewusstsein vorzudringen.

Diese Vorrangstellung der visuellen Wahrnehmung gegenüber anderen Sinneswahrnehmungen – und die daraus folgende Einseitigkeit der Erkenntnisgewinnung – haben schon viele Philosophen festgestellt. Eine Sammlung philosophischer Essays mit dem Titel *Modernity and the Hegemony of Vision*[12] legt dar, dass »die westliche Kultur seit der griechischen Antike vom Paradigma des Okularzentrismus beherrscht wird, welcher seine Interpretation von Erkenntnis, Wahrheit und Wirklichkeit ganz auf visuelle Wahrnehmung stützt und sie danach ausrichtet.«[13] Dieses lesenswerte Buch analysiert »die historischen Zusammenhänge von visueller Wahrnehmung und Erkenntnis, Ontologie, Macht und Ethik«.[14]

Die Philosophen haben das okularzentrische Paradigma unseres Verhältnisses zur Welt und unseres Erkenntnisbegriffs – also die epistemologische Bevorzugung des Visuellen – aufgezeigt. Ebenso wichtig ist es nunmehr, die Rolle der visuellen Wahrnehmung und der anderen Sinne auch in der Theorie und Praxis der Architektur nochmals kritisch zu überprüfen. Wie jede Kunst befasst sich Architektur im Wesentlichen mit Fragen der menschlichen Existenz in Raum und Zeit; sie drückt aus und erzählt, wie es sich mit dem menschlichen Dasein in der Welt verhält. Architektur hat deshalb ein großes Interesse an metaphysischen Fragen wie jener des Selbst im Verhältnis zur Welt, der Innen- und Außenwelt, der Zeit und Zeitdauer sowie der Frage nach Leben und Tod. »Ästhetische und kulturelle Praktiken lassen sich von den wechselnden Erfahrungen in Raum und Zeit besonders leicht beeinflussen, gerade weil sie räumliche Konstruktionen und Artefakte aus der Kontinuität der menschlichen Erfahrung ableiten«, schreibt David Harvey.[15] Architektur ist das bevorzugte Werkzeug, mit dem wir uns mit Raum und Zeit in Beziehung setzen und ihren Dimensionen ein menschliches Maß geben. Architektur domestiziert den grenzenlosen Raum und die unendliche Zeit in einer Weise, dass sie über-

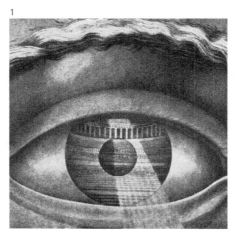

1

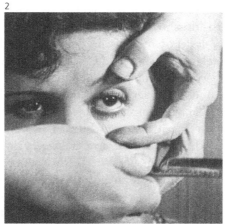

2

OKULARZENTRISMUS UND DIE VERLETZUNG DES AUGES

1
Architektur ist lange Zeit als Kunstform des Auges betrachtet worden.

Auge mit Spiegelbild des Interieurs des Theaters von Besançon, Detail, Radierung nach Claude-Nicholas Ledoux. Das Theater wurde zwischen 1775 und 1784 erbaut.

2
Der Sehsinn gilt als der vornehmste unter den Sinnen und der Verlust des Augenlichts als der größte körperliche Verlust.

Luis Buñuel und Salvador Dalí, *Un Chien Andalou (Ein andalusischer Hund)*, 1929. Die schockierende Szene, in der das Auge der Heldin mit einer Rasierklinge zerschnitten wird.

haupt erst vom Menschen ertragen, bewohnt und verstanden werden können. Aus dieser wechselseitigen Abhängigkeit von Raum und Zeit folgt, dass die Dialektik von Außen- und Innenraum mitsamt unseren physischen und spirituellen, materiellen und geistigen, bewussten und unbewussten Prioritäten bezüglich der Sinne und ihrer Wechselwirkung einen wesentlichen Einfluss auf die Natur der Künste und der Architektur nehmen.

David Michael Levin begründet die philosophische Kritik an der Dominanz des Auges folgendermaßen: »Ich glaube, es ist richtig, den Hegemonieanspruch des Visuellen kritisch zu hinterfragen – also den Okularzentrismus unserer Kultur. Und ich denke weiter, dass wir sehr kritisch untersuchen sollten, wie genau die visuelle Wahrnehmung eigentlich beschaffen ist, die heute in unserer Welt so vorherrschend ist. Wir benötigen dringend eine Diagnose der psychosozialen Pathologie des alltäglichen Sehens – und ein kritisches Verständnis unserer selbst als Sehende, oder genauer: als das Gesehene interpretierende Wesen.«[16]

Levin betont die Eigendynamik und Aggressivität visueller Wahrnehmung und Erfahrung und verweist auf »die Geister patriarchalischer Gesetze«, die in unserer okularzentrischen Kultur herumspuken:

Der Machtwille im Sehen ist sehr ausgeprägt. Es gibt im Sehen eine starken Hang dazu, etwas ergreifen und festhalten zu wollen, den Wunsch, etwas zu vergegenständlichen und in seiner Gesamtheit zu überblicken. Eine Tendenz also, zu dominieren, abzusichern und zu kontrollieren, die letztendlich, weil sie so weitreichend begünstigt wurde, eine gewisse unhinterfragte Hegemoniestellung in unserer Kultur und unserem philosophischen Diskurs einnehmen konnte. Dadurch gelang es ihr, in Übereinstimmung mit der instrumentellen Rationalität unserer Kultur und dem technologischen Charakter unserer Gesellschaft eine okularzentrische Metaphysik der Anwesenheit zu etablieren.[17]

Ich glaube, dass in gleicher Weise viele pathologische Aspekte unserer heutigen Alltagsarchitektur mit Hilfe einer erkenntnistheoretischen Analyse der Sinne verstanden werden können – das heißt, durch eine Kritik der Augenzentriertheit unserer Kultur im Allgemeinen und unserer Architektur im Besonderen. Die Unmenschlichkeit zeitgenössischer Städte und Architektur lässt sich als Folge einer Vernachlässigung unseres Körpers und seiner Sinne verstehen, als Konsequenz der Unausgewogenheit unseres Wahrnehmungssystems. Zum Beispiel dürfte die zunehmende Erfahrung von Entfremdung, Distanz und Einsamkeit in der von Technik geprägten modernen Welt durchaus mit einer bestimmten Wahrnehmungspathologie zusammenhängen. Es lohnt sich, darüber nachzudenken, warum dieses Gefühl der Distanz und Entfremdung oftmals gerade von den technologisch fortschrittlichsten Umgebungen wie Krankenhäusern und Flughäfen hervorgerufen wird. Die Herrschaft des Auges und die Unterdrückung der anderen Sinne tendiert dazu, uns von unserer Umwelt zu isolieren und zu distanzieren. Sicherlich hat die Kunst des Auges eindrucksvolle und gedanklich herausfordernde Strukturen geschaffen, aber die menschliche Verwurzelung in der Welt hat sie nicht gefördert. Die Tatsache, dass die Moderne es im Allgemeinen nicht geschafft hat, die Oberflächlichkeit des Massengeschmacks und seine Wertmaßstäbe zu durchbrechen, lässt sich auf ihren einseitigen intellektuellen und visuellen Schwerpunkt zurückführen. Moderne Gestaltung ist überwiegend im Intellekt und im Auge zu Hause gewesen. Es ist ihr aber nicht gelungen, auch dem Körper und den anderen Sinnen sowie unseren Erinnerungen, Fantasien und Träumen eine Heimat zu geben.

Kritiker des Okularzentrismus

Die okularzentrische Tradition und die daraus resultierende, ganz auf einen Betrachter bezogene Erkenntnistheorie des westlichen Denkens stieß schon vor langer Zeit bei den Philosophen selbst auf Kritik. René Descartes zum Beispiel betrachtete den Sehsinn als den universellsten und vornehmsten aller Sinne. Er gründete daher seine objektivierende Philosophie auf einer Bevorzugung der visuellen Sinneserfahrung. Dennoch stellte er den Sehsinn dem Tastsinn gleich, einer Sinneserfahrung, die er für »sicherer und weniger fehleranfällig als den Sehsinn« hielt.[18]

Friedrich Nietzsche versuchte die Vormachtstellung des okularen Denkens zu untergraben, auch wenn er sich damit in offenen Widerspruch zu den Kernsätzen seines eigenen Denkens begab. Seine Kritik richtete sich gegen die zahlreichen Philosophen, die annahmen, dass »das Auge sich außerhalb von Zeit und Geschichte«[19] befände. Er bezichtigte sie sogar einer »tückischen und blinden Feindseligkeit gegen die Sinne«.[20] Max Scheler schließlich bezeichnete diese Haltung ganz offen als »Leib-Hass«.[21]

Den »Anti-Okularzentrismus« und seine entschiedene Kritik am okularzentrischen Denken des Westens, wie er sich im 20. Jahrhundert besonders bei französischen Intellektuellen herausbildete, hat Martin Jay sorgfältig zusammengefasst. Sein Überblick trägt den Titel *Der gesenkte Blick – die Abwertung des Visuellen im französischen Denken des zwanzigsten Jahrhunderts.*[22] Der Autor spürt der Entwicklung der modernen, ganz visuell ausgerichteten Kultur auf den unterschiedlichsten Gebieten nach. Die Beispiele reichen von der Erfindung der Druckerpresse, der künstlichen Beleuchtung und der Fotografie bis zu visueller Dichtung und einer grundsätzlich neuen Zeiterfahrung. Vor diesem Hintergrund analysiert Jay schließlich die anti-okularen Positionen vieler einflussreicher französischer Schriftsteller wie Henri Bergson, Georges Bataille, Jean-Paul Sartre, Maurice Merleau-Ponty, Jacques Lacan, Louis Althusser, Guy Debord, Roland Barthes, Jacques Derrida, Luce Irigaray, Emmanuel Levinas und Jean-François Lyotard.

Sartre nahm bei seiner Kritik am Sehsinn kein Blatt vor den Mund, seine Feindschaft grenzte geradezu an Okularphobie. Schätzungsweise 7000 Bezugnahmen und Verweise auf »den Blick« soll sein Werk enthalten.[23] Beispielsweise befasste er sich mit »dem objektivierenden Blick des Anderen« oder dem »Blick der Medusa«, der alles versteinere, was mit ihm in Kontakt komme.[24] Aus seiner Sicht hatte der Okularzentrismus zur Folge, dass im menschlichen Bewusstsein der Raum von der Zeit Besitz ergreifen konnte.[25] Diese Umkehrung der relativen Bedeutung von Raum und Zeit hat beträchtliche Konsequenzen für unser Verständnis physikalischer und historischer Prozesse. So bildet die vorherrschende Vorstellung von Raum, Zeit und ihren Wechselwirkungen auch ein Grundparadigma der Architektur, wie Sigfried Giedion in seiner wegweisenden Ideologiegeschichte moderner Architektur, dem Buch *Raum, Zeit, Architektur*[26], nachgewiesen hat.

Auch Maurice Merleau-Ponty verfasste eine schier endlose Kritik des »skopischen Regimes samt seines kartesianischen Perspektivalismus« sowie »seiner Privilegierung eines ahistorischen, desinteressierten und körperlosen Subjekts außerhalb der Welt«.[27] Sein gesamtes philosophisches Werk befasst sich vorrangig mit Grundfragen der Wahrnehmung, wobei es sich besonders dem visuellen Wahrnehmungs- und Vorstellungsvermögen widmet. Anstelle des kartesianischen Auges, das die Welt von außen her betrachtet, konstatiert Merleau-Ponty einen Sehsinn, der als »leibhaftige« visuelle Wahrnehmung inkarnierter Teil des »Fleisches der Welt« ist.[28] »Unser Leib ist gleichermaßen Objekt unter Objekten wie dasjenige, das sie betrachtet und berührt.«[29] Folglich ging Merleau-Ponty von einem osmotischen Verhältnis vom Selbst zur Welt aus – beide durchdringen und definieren einander –, und er betonte deshalb besonders das simultane Zusammenspiel der Sinne. Er schreibt: »Meine Wahrnehmung ist nicht nur die Summe visueller, taktiler und akustischer

Gegebenheiten. Ich nehme auf eine allumfassende Weise wahr mit meinem gesamten Wesen: Ich erfasse die einzigartige Struktur eines Dings, seine einzigartige Wesenheit, die alle meine Sinne gleichzeitig anspricht.«[30]

Martin Heidegger, Michel Foucault und Jacques Derrida haben alle die Auffassung vertreten, dass das Denken und die Kultur der Moderne nicht nur die historische Privilegierung des Sehens fortgeführt, sondern seine negative Tendenzen sogar noch verstärkt haben. Unabhängig voneinander betrachtete jeder von ihnen die Seh-Dominanz der Moderne als grundsätzlich verschieden von der früherer Zeiten. Dieser Hegemonieanspruch der visuellen Wahrnehmung wurde in unserer Zeit nochmals durch eine Vielzahl technologischer Erfindungen und die endlose Vervielfachung und Herstellung von Bildern untermauert – oder wie Italo Calvino es nennt: durch »einen unendlichen Bilderregen«.[31] Denn »der Grundvorgang der Neuzeit«, so schreibt Heidegger, »ist die Eroberung der Welt als Bild«.[32] Seine philosophische Spekulation hat in unserer Zeit des massengefertigten und manipulierten Bildes längst reale Gestalt angenommen.

Das technologisch erweiterte und aufgerüstete Auge dringt heute tief in Raum und Materie vor und befähigt den Menschen dazu, gleichzeitig auf beide Seiten des Globus zu blicken. Die Erfahrungen von Raum und Zeit sind durch schnelle Übertragungsprozesse derart miteinander verschmolzen (David Harvey gebraucht den Begriff der ›Raum-Zeit-Kompression‹[33]), dass wir eine wechselweise Umkehrung zweier Dimensionen beobachten können: eine Verzeitlichung des Raums und eine Verräumlichung der Zeit. Der einzige Sinn, der schnell genug ist, um mit dem erstaunlichen Geschwindigkeitszuwachs der technologischen Welt Schritt halten zu können, ist der Sehsinn. Doch diese Welt des Auges zwingt uns auch dazu, zunehmend in einer immerwährenden Gegenwart zu leben, die, von Geschwindigkeit und Gleichzeitigkeit niedergedrückt, bald nur noch Fläche ist.

Visuelle Bilder sind, wie Harvey zeigt, zu reinen Konsum-gegenständen geworden: »Bilder, die uns aus den unterschied-lichsten Regionen beinahe gleichzeitig bestürmen, lassen die Räume der Welt kollabieren und zur bloßen Bilderserie auf dem Fernsehbildschirm werden [...] Das Bild von Orten und Räumen ist der Produktion und dem flüchtigen Gebrauch nun ebenso zugänglich wie jede andere Ware.«[34]

Zweifellos hat die dramatische Zerschlagung des überlie-ferten Wirklichkeitsmodells in den vergangenen Jahrzehn-ten zu einer Krise der Repräsentation geführt. Sogar in den zeitgenössischen Künsten können wir beobachten, wie sich eine gewisse, panische Repräsentationshysterie breit gemacht hat.

Narzisstisches und nihilistisches Auge

Die Hegemonie des Sehens brachte laut Heidegger zunächst wunderbare Visionen der Zukunft hervor. Während der Mo-derne fiel sie jedoch zunehmend dem Nihilismus anheim. Heideggers Behauptung eines nihilistischen Auges scheint mir besonders interessant, weil viele Architekturprojekte der letzten 20 Jahre, die von der internationalen Kritik hoch ge-lobt und gefeiert wurden, Ausdruck von beidem sind: Sie sind narzisstisch und nihilistisch zugleich.

Das hegemoniale Auge strebt danach, alle Felder kulturel-ler Produktion zu dominieren, und scheint unsere Fähigkeit der Empathie, des Mitgefühls und der Anteilnahme an der Welt zu schwächen. Das narzisstische Auge betrachtet Ar-chitektur lediglich als Mittel der Selbstdarstellung und als intellektuell-artistisches Spiel, losgelöst von allen wesentli-chen seelisch-geistigen Verbindungen mit der Gesellschaft. Das nihilistische Auge hingegen befördert ganz gezielt jede Art von sensorischer und mentaler Ablösung und Entfrem-dung. Anstatt eine körperzentrierte und ganzheitliche Welt-erfahrung zu fördern, koppelt nihilistische Architektur un-

3

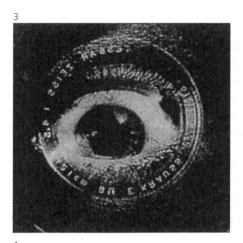

4

DIE MACHT UND DIE SCHWÄCHE DES AUGES

3

Besonders in der Moderne haben zahlreiche Erfindungen die Macht des Sehens vergrößert. Wir können jetzt gleichermaßen in die Geheimnisse der Materie blicken wie in die Unermesslichkeit des Weltraums.

Das Kamera-Auge, aus dem Film *Der Mann mit der Filmkamera* von Dsiga Wertow, 1929. Detail.

4

Ungeachtet unserer Bevorzugung des Auges lassen wir uns in unseren visuellen Beobachtungen gerne vom Tastsinn bestätigen.

Caravaggio, *Der ungläubige Thomas*, 1601–02. Detail. Gemäldegalerie Sanssouci, Potsdam.

seren Körper von der Welt ab und isoliert ihn. Und anstatt den Wiederaufbau eines kulturellen Ordnungssystems anzugehen, verhindert sie jedes Erkennen einer kollektiven Bedeutung in ihren Gebäuden. So gerät die Welt zu einer hedonistischen visuellen Reise, die keinen Sinn mehr ergibt. Deutlich wird auch, dass allein der Sehsinn, da er Distanz und Bindungslosigkeit stärkt, einer nihilistische Haltung fähig ist. Es erscheint geradezu unmöglich, sich einen nihilistischen Tastsinn vorzustellen: Unweigerlich brächte dieser doch Nähe, Intimität, Wahrhaftigkeit und Selbsterfahrung mit sich. Darüber hinaus existieren auch ein sadistisches und ein masochistisches Auge. Auch deren Instrumentarium lässt sich auf dem Gebiet der zeitgenössischen Kunst und Architektur bestimmen.

Die gegenwärtige industrielle Massenproduktion visueller Bildwelten tendiert dazu, das Sehen jedweder emotionaler Teilnahme und Identifizierung zu entfremden. Sie verwandelt die Bilderwelt in einen hypnotisierenden Rausch, der weder Bezüge noch Anteilnahme kennt. Michel de Certeau schätzt deshalb die Ausdehnung des okularen Einflussbereichs sehr negativ ein: »Vom Fernsehen bis zur Zeitung, von der Werbung bis zu allen möglichen Arten merkantiler Epiphanien ist unsere Gesellschaft von einem krebsartigen Zuwachs des Visuellen gekennzeichnet, derart, dass alles und jedes allein daran bemessen wird, ob es etwas zeigen oder selbst gezeigt werden kann. Kommunikation ist damit zur visuellen Reise mutiert.«[35] Die krebsartige Verbreitung einer oberflächlichen Bildsprache in der heutigen Architektur ist unübersehbarer Teil dieses Prozesses. Tektonische Logik, Materialsensibilität und Empathie werden für entbehrlich gehalten.

Oraler versus visueller Raum

Doch noch nicht immer war die menschliche Wahrnehmung vom Sehen dominiert. Es hat diese Vorrangstellung erst nach und nach vom Hören übernommen. Die anthropologische Literatur beschreibt eine große Anzahl von Kulturen, in welchen der individuelle Geruchs-, Geschmacks- und Tastsinn eine wichtige Rolle für das Verhalten und die Verständigung innerhalb der Gemeinschaft spielen. Die Rolle der Sinne im Umgang mit kollektiven und individuellen Räumen war denn auch das Thema von Edward T. Halls wegweisendem Buch *Die Sprache des Raumes*, welches bei Architekten leider zu Unrecht in Vergessenheit geraten ist.[36] Halls proxemische Untersuchungen zum individuellen Raum geben einen tiefen Einblick in unser von Instinkt und Unbewusstem gesteuertes Verhältnis zum Raum und zeigen, wie wir in unserem Kommunikationsverhalten unbewusst räumlich agieren. Die Studie Halls eignet sich deshalb als besonders gute Grundlage für die Gestaltung intimer und zugleich »biokulturell« funktionaler Räume.

Walter J. Ong analysiert in seinem Buch *Oralität und Literalität* den Übergang von Rede- zu Schriftkultur und dessen Auswirkung auf unser Kollektivverständnis.[37] Er kann nachweisen, dass »der Übergang von mündlicher zu geschriebener Sprache im Wesentlichen ein Übergang vom akustischen in den visuellen Raum war«[38] und dass »das Hören, das lange die Welt des Denkens und die Form des Ausdrucks dominierte, mit dem Buchdruck durch die Dominanz des Sehens ersetzt wurde, welche mit dem Schreiben ihren Anfang nahm«.[39] Aus Ongs Sicht »ist dies eine Welt, die nur aus kalten, nichtmenschlichen Fakten besteht«.[40]

Ong untersucht, inwieweit der Wechsel vom gesprochenen zum geschriebenen (und schließlich gedruckten) Wort innerhalb einer Kultur das menschliche Bewusstsein, die Erinnerung und das Raumverständnis verändert hat. Er beklagt, dass mit dem Wechsel von der Hör- zur Sehdominanz auch situatives Denken durch abstraktes ersetzt wurde. Diese grundlegende Veränderung unserer Wahrnehmung und unseres Verständnisses der Welt scheint für den Autor unumkehrbar zu sein: »Obwohl Worte auf mündlicher Rede basieren, werden sie durch die Tyrannei der Schrift für immer in einen visuellen Raum eingesperrt [...] ein Schriftkundiger kann ein Wort nicht in *der* Vollständigkeit seiner Bedeutung erfassen, die es in einer rein oralen Sprachgemeinschaft hat.«[41]

Möglicherweise ist die heute so absolut erscheinende Hegemonie des Auges ein recht junges Phänomen, unabhängig von ihren Ursprüngen im griechischen Denken und in der Optik. So schreibt Lucien Febvre: »Das sechzehnte Jahrhundert sah zunächst nicht, sondern hörte und roch, es schnupperte die Luft und achtete auf Klänge und Geräusche. Erst später beschäftigte es sich ernsthaft und nachdrücklich mit der Geometrie und konzentrierte sich in Person von Kepler (1571–1630) und Desargues von Lyon (1593–1662) ganz auf die Welt der Formen. Seinerzeit wurde das Visuelle in der Welt der Wissenschaft, der physischen Empfindungen und der Welt der Schönheit entfesselt.«[42] Auch Robert Mandrou argumentiert ähnlich: »Die Hierarchie [der Sinne] war nicht dieselbe [wie im zwanzigsten Jahrhundert], weil das Sehen, das heute so bestimmend ist, noch an dritter Stelle weit hinter dem Hören sowie dem Tasten und Berühren rangierte. Das Auge, das organisiert, klassifiziert und ordnet, war nicht das favorisierte Organ in einer Zeit, welche das Hören bevorzugte.«[43]

Der kontinuierlich wachsende Hegemonieanspruch des Auges scheint mit der Entwicklung des westlichen Ich-Bewusstseins und der zunehmenden Abspaltung des Selbst von der Welt einherzugehen; Sehen sondert uns von der Welt ab, wohingegen uns die anderen Sinne mit ihr vereinen.

Künstlerischer Ausdruck befasst sich mit präverbalen (noch nicht in Worte gefassten) Bedeutungen der Welt; Bedeutungen, die Teil von ihr sind und die erlebt statt einfach nur mit dem Intellekt verstanden werden. Aus meiner Sicht ist daher die Dichtkunst in der Lage, uns für einen Moment in eine Welt zurückzuversetzen, die von Mündlichkeit geprägt ist und uns ganz umfassen kann. Diese wieder vermündlichte Welt trägt uns in das Zentrum unserer Innenwelt zurück. »Der Dichter spricht an der Schwelle des Seins«, meinte einmal Gaston Bachelard,[44] aber er spricht auch auf der Schwelle der Sprache. Ebenso haben auch Kunst und Architektur die Aufgabe, die Erfahrung einer noch undifferenzierten Innenwelt zu rekonstruieren, in der wir nicht nur Zuschauer, sondern unverzichtbarer Bestandteil sind. In künstlerischen Arbeiten entsteht existenzielles Verstehen aus der Begegnung der Welt mit dem In-der-Welt-Sein – und nicht aus konzeptueller oder intellektueller Anstrengung.

Retinale Architektur und der Verlust der Plastizität

Es ist kaum zu übersehen, wie eng die Architektur traditioneller Kulturen mit der stillen Weisheit des Körpers verbunden ist und wie wenig sie einer visuellen und begrifflichen Leitlinie folgt. In traditionellen Kulturen führt beim Bauen der Körper Regie, genauso wie ein Vogel sein Nest durch die Bewegungen seines Körpers formt. Indigene Ton- und Lehmarchitekturen in verschiedenen Teilen der Welt scheinen eher das Ergebnis von Muskelarbeit und haptischer Erfahrung zu sein als ein Produkt des Auges. Überdies zeigt das Beispiel der indigenen Bauweise, dass der Übergang von einer haptischen zu einer rein visuell gesteuerten Bauweise einen Verlust von Plastizität und Intimität bedeutet. Mehr noch: Er bringt sogar das Gefühl allumfassender Verbundenheit zum Verschwinden, das für indigene Kulturen so charakteristisch ist.

Die Dominanz des Visuellen, welche die philosophischen Denker aufgezeigt haben, war auch für die Entwicklung der westlichen Architektur bestimmend. Schon die griechische Architektur mit ihrem ausgeklügelten System optischer Korrekturen wurde vor allem deshalb so weit verfeinert, damit sie dem Auge gefiel. Dennoch geht die Privilegierung des Sehens nicht zwangsläufig mit der Unterdrückung anderer Sinne einher, wie die haptische Qualität, das Materialbewusstsein und die Respekt einflößende Schwere der griechischen Architektur belegen. Das Auge stimuliert Empfindungen des Tastsinns; der Sehsinn kann die anderen Sinne in sich aufnehmen und sie sogar verstärken. Besonders deutlich wird dies in der historischen Architektur, deren visuelles Erscheinungsbild unbewusst auch taktile Elemente enthält. In der zeitgenössischen Architektur hingegen sind solche Phänomene kaum noch zu finden.

Seit Leon Battista Alberti hat sich die westliche Architekturtheorie vorrangig mit Fragen der visuellen Wahrnehmung, Harmonie und Proportion beschäftigt. Albertis Diktum, dass »Malerei nichts anderes ist als der Querschnitt durch die Sehpyramide in einer bestimmten Entfernung bei einem bestimmten Augenpunkt und einer bestimmten Beleuchtung«, umreißt das perspektivische Paradigma, das zum bevorzugten Denkinstrument auch in der Architektur wurde.[45] Dennoch muss noch einmal betont werden, dass die bewusste Fokussierung auf die Sehmechanik nicht automatisch zu einer rigorosen Unterdrückung anderer Sinne führen muss. Das gilt selbst für unser eigenes Zeitalter des omnipräsenten Bildes. Vielmehr erlangte das Auge, bewusst und unbewusst zugleich, seine Führungsrolle in der Architektur erst nach und nach mit dem Auftauchen der Vorstellung eines körperlosen Betrachters. Die Unterdrückung der anderen Sinne, besonders aber die technologischen Erweiterungen des Auges und die Bilderflut haben den Betrachter seine körperliche Beziehung zur Umgebung verlieren lassen. Oder wie Marx W. Wartofsky bemerkt: »Das menschliche visuelle Vorstellungsvermögen ist selbst schon ein Artefakt, das wiederum Produkt anderer Artefakte, nämlich von Bildern ist.«[46]

5

6

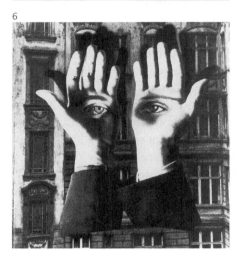

DIE UNTERDRÜCKUNG DES SEHSINNS –
DIE VEREINIGUNG VON SEHSINN UND TASTSINN

5

In stark emotionalen Situationen und tiefen Gedanken wird der Sehsinn gewöhnlich unterdrückt.

René Magritte, *Die Liebenden*, 1928. Detail. Richard S. Zeisler Collection, New York.

6

Sehsinn und Tastsinn sind in der Erfahrung der Wirklichkeit eng miteinander verbunden.

Herbert Bayer, *Einsamer Großstädter*, 1932. Detail.

Wie stark die Rolle des visuellen Wahrnehmungs- und Vorstellungsvermögens ist, machen auch die Schriften der Vertreter der Moderne deutlich. Wenn Le Corbusier etwa erklärte: »Ich existiere nur, wenn ich sehen kann«;[47] »Ich bin und ich bleibe ein Sehender ohne Reue – alles liegt im Sichtbaren«;[48] »Man muss klar sehen, um zu verstehen«;[49] »Ich fordere dich auf, deine *Augen zu öffnen*. Hältst du die Augen offen? Hast du Übung darin, die Augen aufzumachen? Verstehst du es, sie richtig offenzuhalten, tust du es immer – und tust du es gut?«;[50] »Der Mensch betrachtet die Dinge der Architektur mit seinen Augen, die sich 1,70 Meter über dem Boden befinden«;[51] und »Architektur ist ein plastischer Gegenstand. Mit ›plastisch‹ meine ich das, was mit den Augen gesehen und bemessen werden kann«[52] – wird klar, wie sehr die Theorie der frühen Moderne das Auge privilegierte und ins Zentrum seines Denkens stellte. Dies bestätigen auch Walter Gropius – der feststellte: »Er [der Gestalter] muss sich Kenntnis von den wissenschaftlichen Tatsachen der Optik aneignen, d. h. eine theoretische Grundlage, welche die gestaltende Hand leitet und eine objektive Basis schafft«[53] – und László Moholy-Nagy, der meinte: »Langsam sickert die Hygiene des Optischen, das Gesunde des Gesehenen durch.«[54]

Le Corbusiers berühmtes Credo »Architektur ist das weise, korrekte und großartige Spiel der unter dem Licht versammelten Baukörper«[55] kann fraglos als Definition einer Architektur des Auges gelten. Le Corbusier hatte jedoch auch ein großes Talent als Künstler, der mit der Hand formen konnte und ein enormes Gespür für Material, Form und Gewicht besaß – Eigenschaften also, die verhinderten, dass seine Architektur einem sinnlichen Reduktionismus verfiel. Ungeachtet der okularzentrischen Ansichten Le Corbusiers spielte die Hand eine ähnlich fetischistische Rolle in seinem Werk wie das Auge. Besonders in seinen Skizzen und Malereien finden sich stark taktile Elemente, deren Sinn für das Haptische sicherlich seine Sichtweise der Architektur beeinflusst hat. Im Gegensatz dazu zeigen seine städtebaulichen Projekte eine verheerende Tendenz zum Reduktivismus.

Mies van der Rohes Architektur basiert überwiegend auf einer frontalperspektivischen Wahrnehmung, deren visuelles Paradigma jedoch durch Mies' einzigartigen Sinn für Ordnung, Struktur und Gewicht sowie sein feines Gespür für handwerkliche Details bereichert wird. Außerdem zeichnet sich große Architektur gerade dadurch aus, dass es ihr gelingt, gegensätzliche oder gar sich widersprechende Absichten und Anspielungen in sich zu vereinigen. Gerade dieses Spannungsverhältnis zwischen bewusster Intention und eher unbewussten Beweggründen ist notwendig, um dem Betrachter eine emotionale Beteiligung zu ermöglichen. »In jedem Fall muss man eine simultane Auflösung der Gegensätze erreichen«, wie Alvar Aalto schrieb.[56] Doch verbale Erklärungen von Künstlern und Architekten sollten auch nicht immer für bare Münze genommen werden. Oft genug sind sie nur mäßig rational begründet – oder sie dienen der Verteidigung und widersprechen dann mitunter den tieferen und unbewussten Absichten, die dem Werk seine eigentliche Lebenskraft verleihen.

Mit derselben Klarheit lässt sich das Paradigma des Visuellen auch als entscheidende Voraussetzung der Stadtplanung identifizieren. Sein Einfluss reicht von den Plänen der Idealstädte der Renaissance bis zu den Flächennutzungsplänen der Funktionalisten, welche eine »Hygiene des Optischen« widerspiegeln. Besonders die Stadt von heute wird mehr und mehr zu einer Stadt des Auges, die sich vom Körper losgelöst hat. Die Ursachen hierfür sind einerseits die rasende Geschwindigkeit motorisierter Bewegungen und andererseits die totale und lückenlose Erfassung der Stadt von oben, wie sie etwa aus einem Flugzeug möglich ist. In den Planungsprozessen wird diese körperlose kartesianische Idealperspektive bevorzugt, da sie Kontrolle und Distanz gleichermaßen ermöglicht. Infolgedessen sind Stadtplanungen meist hochgradig idealisierte und schematisierte Visionen eines *regard surplombant* (»Über-Blicks«), wie ihn Jean Starobinski definiert,[57] oder auch eines »geistigen Auges« im Sinne Platos.

Bis in die jüngste Zeit hinein haben sich Architekturtheorie und Architekturkritik mit Sehmechanismen und visuellen Ausdrucksformen befasst. Wie architektonische Formen wahrgenommen und erfahren werden können, wurde meist mit Hilfe von Wahrnehmungsgesetzen analysiert, die auf der Gestalt basieren. Und schließlich hat auch die Bildungstheorie Architektur überwiegend mit Begriffen visueller Wahrnehmung interpretiert und sie mit dreidimensionalen Bildern verglichen, die in den Raum hineingebaut sind.

Eine Architektur der Bilder

Niemals ist die Tendenz zum einseitig Visuellen deutlicher geworden als im letzten halben Jahrhundert, seitdem eine Architektur dominiert, die ganz auf ein markantes und einprägsames Erscheinungsbild anlegt ist. Anstatt Räume und Formen schaffen, die sich in ihrer Gestaltung von existenziellen Grunderfahrungen leiten lassen, hat die Architektur die psychologischen Strategien der Werbung übernommen und möchte wie diese nur eins: überzeugen. Gebäude sind so zu Image-Produkten geworden, ohne jede existenzielle Tiefe und Ernsthaftigkeit.

David Harvey führt »den Verlust an zeitlicher Tiefe und die Suche nach augenblicklicher Wirkung« in unseren gegenwärtigen Ausdrucksformen auf den Verlust von Erfahrungstiefe zurück.[58] »Künstliche Tiefenlosigkeit« nennt es Fredric Jameson, wenn er die Grundbedingung der zeitgenössischen Kultur und »ihre Fixierung auf äußere Erscheinungsbilder, Oberflächen und Soforteffekte« beschreibt, »die keinen nachhaltigen Einfluss auf die Zeit haben«.[59]

Als Konsequenz der gegenwärtigen Bilderflut erscheint die Architektur unserer Zeit oft nur noch als bloße Retinalkunst, die in ihrer epistemologischen Entwicklung eine Art Kreis beschreibt, der mit dem Denken und Bauen der Griechen begonnen hat. Doch die Veränderung geht weit über die visuelle Dominanz hinaus. Anstatt Orte für körperliche Begegnungen zu schaffen, ist Architektur zu einer Kunst des gedruckten und vervielfältigten Bildes geworden, welches das Kameraauge in großer Eile festgehalten hat. In unserer Bilderkultur scheint sogar der Blick selbst zum Bild zu verflachen und all seine Plastizität zu verlieren. Anstatt unser In-der-Welt-Sein tatsächlich zu erfahren, betrachten wir es von außen und sind nur Zuschauer, denen Bilder auf die Netzhaut projiziert werden. David Michael Levin verwendet deshalb den Begriff der »Frontalontologie«, um die vorherrschende Form einer frontalen, fixierten und fokussierten Sehweise zu beschreiben.[60]

Auch Susan Sontag hat einige sehr scharfsinnige Bemerkungen zur Rolle des fotografischen Bildes in unserer Wahrnehmung der Welt gemacht. So schreibt sie zum Beispiel über eine »Mentalität, welche die Welt als ein Sortiment potentieller fotografischer Aufnahmen begreift«,[61] und stellt fest, dass »die Wirklichkeit mehr und mehr als das erscheint, was wir von ihr durch eine Kamera gezeigt bekommen.«[62] Und weiter: »Die Allgegenwart von Fotografien hat eine unberechenbare Auswirkung auf unsere Fähigkeit, ethisch zu empfinden. Indem die Fotografie die ohnehin unübersichtlich gewordene Welt abbildet und so mit einem Duplikat ihrer selbst ausstattet, lässt sie uns die Welt verfügbarer erscheinen, als sie in Wirklichkeit ist.«[63]

Indem Gebäude ihre Plastizität verlieren und dadurch nicht mehr mit der Sprache und Weisheit des Körpers verbunden sind, isolieren sie sich im kühlen und distanzierten Reich des Visuellen. Mit dem Verlust von Taktilität, von menschlichem Maß für die Dinge und von Details, die für den menschlichen Körper – und vor allem für die Hände – gefertigt sind, werden architektonische Strukturen abscheulich flach, scharfkantig, immateriell und unwirklich. Die Abspaltung der Konstruktion von der materiellen und handwerklichen Realität macht aus Architektur ein Bühnenbild für das Auge, eine bloße Szenografie, der weder Material noch Konstruktion die notwendige Authentizität verleihen. Der Sinn für die »Aura«, für die Macht der Anwesenheit, wie sie Walter Benjamin für jedes authentische Kunstwerk als notwendig erachtete, ist verloren gegangen. So führt die reine Instrumentalisierung von Technologie zu Produkten, die ihren Konstruktionsprozess verschleiern und wie Geistererscheinungen wirken. Der zunehmende Gebrauch von reflektierendem Glas in der Architektur verstärkt diesen Eindruck traumartiger Unwirklichkeit und Entfremdung zusätzlich. Die in sich widersprüchliche undurchsichtige Transparenz dieser Gebäude reflektiert den Blick, ohne den Betrachter emotional zu berühren. Wir sind unfähig, das Leben hinter diesen Wänden aus Glas zu sehen oder es uns auch nur vorzustellen. Der architektonische Spiegel, der unseren Blick zurückwirft und die Welt verdoppelt, ist mysteriös und erschreckend zugleich.

Materialität und Zeit

Die Eintönigkeit der heutigen Standardbauweise beruht in verstärktem Maße auf einem reduzierten Materialgefühl. Natürliche Baustoffe – wie Stein, Ziegel und Holz – erlauben unserer visuellen Wahrnehmung, in ihre Oberflächen einzudringen und uns so der Wahrhaftigkeit des Materials zu versichern. Natürliche Materialien drücken ihr Alter und ihre Geschichte aus, erzählen aber auch von ihrer Herkunft und der Geschichte ihres Gebrauchs durch den Menschen. Materie kann nur innerhalb eines zeitlichen Kontinuums existieren; deshalb fügt die Patina des Gebrauchs diesen Konstruktionsmaterialien eine zeitliche Qualität hinzu. Die maschinengefertigten Materialien von heute hingegen – maßlose Glasflächen, emaillierte Metalle und Kunststoffe – vermitteln mit ihren undurchdringbaren Oberflächen nichts mehr von ihrer Essenz oder ihrem Alter. Die Gebäude unseres technischen Zeitalters streben gewöhnlich nach zeitloser Perfektion, indem sie die zeitliche Dimension oder die unvermeidlichen und für unser Bewusstsein so wichtigen Alterungsprozesse bewusst ausschließen. In dieser Angst vor Gebrauchs- und Alterungsspuren drückt sich auch unsere Angst vor dem Tod aus.

Transparenz und der Eindruck von Gewichtslosigkeit und Schweben sind zentrale Themen in der modernen Kunst und Architektur. So ist in den letzten Jahrzehnten eine neue architektonische Bildsprache entstanden, die durch ihre Verwendung von Spiegelungen, Transparenzabstufungen, Überlagerungen und Gegenüberstellungen den Eindruck räumlicher Tiefe erzeugt und auf subtile Weise mit Licht und Bewegungen spielt. In dieser neuen Sensibilität kündigt sich ein Wandel an, der die bisherige Immaterialität und Gewichtslosigkeit der Architektur durch positive Erfahrungen von Räumen, Orten und Bedeutungen bereichert.

Die Möglichkeit jedoch, in unserer heutigen Umgebung wirklich Zeit zu erfahren, wird immer geringer, und die psychischen Folgen dieser Schwäche sind verheerend. Mit den Worten des amerikanischen Therapeuten Gotthard Booth »gibt es nichts, was dem Menschen größere Befriedigung verschafft als die Beteiligung an Prozessen, welche die eigene individuelle Lebensspanne überdauern«.[64] Wir haben ein psychisches Verlangen danach, unser Eingebundensein in diese Zeitverläufe konkret zu erfahren, und in einer von Menschen gestalteten Welt ist es die Aufgabe der Architektur, uns diese Erfahrung anzubieten. Architektur domestiziert gewissermaßen den grenzenlosen Raum und ermöglicht uns so, das Zeitkontinuum zu bewohnen.

Die aktuelle Überbetonung der intellektuellen und konzeptuellen Dimension der Architektur ist ein Zugeständnis an das Verschwinden ihrer physischen, sinnlichen und körperhaften Essenz. Zeitgenössische Architektur liebt die Pose der Avantgarde, und dabei befasst sie sich oft mehr mit dem architektonischen Diskurs selbst und mit dem Ausloten möglicher Randbereiche der Kunst als damit, Grundfragen der menschlichen Existenz zu beantworten. Dieser eingeschränkte Blickwinkel leistet einer Art von architektonischem Autismus Vorschub, einem selbstbezogenen und selbstgerechten Diskurs, dem jeglicher Bezug zu unserer gemeinsamen existenziellen Realität fehlt.

Doch nicht nur die Architektur, sondern die zeitgenössische Kultur überhaupt tendiert dazu, die menschliche Beziehung zur Welt auf Abstand zu halten, sie zu entsinnlichen und zu enterotisieren. Malerei und Bildhauerei scheinen immer mehr ihre Sinnlichkeit zu verlieren. Anstatt zu sinnlicher Nähe einzuladen, signalisieren zeitgenössische Kunstwerke häufig Distanz und weisen jede Art von Sinnenfreude und Genuss zurück. Diese Kunstwerke wollen den Intellekt und das begriffliche Denken ansprechen, anstatt sich auf die Sinne und die noch undifferenzierten Reaktionen zu beziehen, mit welchen der Körper antworten kann. Das pausenlose Bombardement mit einer vollkommen unzusammenhängenden Bilderwelt führt lediglich zu einer immer größeren emotionalen Entleerung der Bildinhalte. Bilder haben sich in einen endlosen Warenstrom verwandelt, der nur noch dazu dient, keine Langeweile aufkommen zu lassen. Im Gegenzug nehmen sogar Menschen zunehmend den Charakter von Waren an. Nonchalant konsumieren sie sich selbst, ohne noch weiter den Mut aufzubringen oder auch nur einmal die Möglichkeit dazu erhalten, sich ihrer innersten existenziellen Wirklichkeit zu stellen. Wir werden dazu gezwungen, in einer fabrizierten Traumwelt zu leben.

Ich habe hier nicht den Wunsch, einen konservativen Standpunkt gegenüber der zeitgenössischen Kunst einzunehmen, wie das etwa Hans Sedlmayr in seinem denkwürdigen und zugleich verstörenden Buch *Verlust der Mitte*[65]

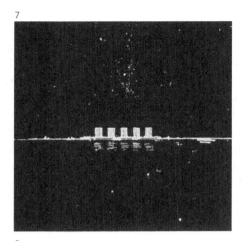

DIE STADT DES AUGES – DIE HAPTISCHE STADT

7
Die zeitgenössische Stadt ist eine Stadt des Auges, eine Stadt der Distanz und des Außen.

Le Corbusiers Vorschlag zur Skyline Buenos Aires – eine Skizze zu einem Vortrag in Buenos Aires, 1929.

8
Die haptische Stadt ist eine Stadt des Innen und der Nähe.

Die Hügelstadt Casares in Südspanien.

Foto: Juhani Pallasmaa.

getan hat. Ich möchte lediglich darauf hinweisen, dass sich in unserer sinnlichen Wahrnehmung und Welterfahrung ein deutlicher Wandel vollzogen hat, der sich in der Kunst und Architektur widerspiegelt. Wenn wir aber eine Architektur wünschen, die befreiend und heilsam wirkt, anstatt dem Abbau jeglicher existenzieller Bedeutung auch noch Vorschub zu leisten, sollten wir über die Vielzahl der geheimnisvollen Verbindungen nachdenken, die zwischen der Architektur und der kulturellen und mentalen Wirklichkeit ihrer Zeit bestehen. Wir sollten uns auch darüber klar werden, in welcher Weise die Realisierbarkeit von Architektur durch aktuelle politische, kulturelle, wirtschaftliche, erkenntnis- und wahrnehmungsbezogene Entwicklungen bedroht oder marginalisiert wird. Architektur ist zu einer gefährdeten Kunstform geworden.

Die Abkehr von Albertis Fenster

Das Auge hat sich selbstverständlich nicht lange in der Enge der monokularen Konstruktion festhalten lassen, welche die Renaissance mit ihren Perspektivgesetzen vorgegeben hatte. Seinem Drang nach Hegemonie folgend eroberte das Auge bald neue Felder der visuellen Wahrnehmung und neue visuelle Ausdrucksformen. Die Malereien von Hieronymus Bosch und Pieter Bruegel beispielsweise laden ein teilnehmendes Auge auf eine Reise zu einer Vielzahl verschiedener Szenen und Geschehnisse ein. Die holländische Malerei des 17. Jahrhunderts stellt das bürgerliche Leben in zwanglosen Szenen und durch Objekte des täglichen Gebrauchs dar und verlässt damit den Rahmen, den Albertis Fenster gesetzt hatte. Gemälde des Barock öffnen dieses Wahrnehmungsfenster mit Hilfe undeutlicher Kanten, weicher Verläufe und einer Vielzahl von Perspektiven, um genau hierdurch den Körper zu taktilen Erfahrungen einzuladen und ihn auf eine Reise durch einen Illusionsraum zu entführen.

Ein wesentlicher Schritt in der Entwicklung der Moderne ist sicherlich die Befreiung des Auges von einer Erkenntnistheorie gewesen, die sich auf die kartesische Perspektive stützte. Die Malerei von Joseph Mallord William Turner fährt mit der im Barock begonnenen Eliminierung des Bildrahmens und des Fluchtpunktes fort. Die Impressionisten verzichten fortan auf Begrenzungslinien, gleichmäßigen Bildausschnitt und perspektivische Tiefe. Paul Cézanne strebt danach, »sichtbar zu machen, wie uns die Welt berührt«.[66] Die Kubisten verwerfen den einfachen Blickwinkel, reaktivieren eine periphere Sehweise und legen wieder Wert auf haptische Erfahrung. Die Farbfeldmaler des Abstrakten Expressionismus lehnen dagegen jegliche Tiefenillusion ab, um die Präsenz der Malerei selbst in den Vordergrund zu stellen, in der sie ein Bildobjekt mit einer eigenen autonomen Wirklichkeit verkörpert sehen. Land-Art-Künstler verbinden die Wirklichkeit des Kunstwerks mit der Lebenswelt, und Künstler wie Richard Serra schließlich sprechen direkt den Körper an sowie unsere Erfahrungen von Horizontalität und Vertikalität, von Materialität, Schwerkraft und Gewicht.

Dieselbe Gegenbewegung gegen die Vorherrschaft des perspektivischen Auges hat es auch in der modernen Architektur gegeben, unabhängig von der kulturell so bevorzugten Stellung der visuellen Wahrnehmung. Die kinästhetische und strukturbetonte Architektur Frank Lloyd Wrights, die Körper und Tastsinn ansprechenden Gebäude Alvar Aaltos sowie Louis Kahns Architektur der Geometrie und Schwere sind besonders anschauliche Beispiele hierfür.

Ein neues Sehen und eine neue Balance der Sinne

Wenn das Auge erst einmal befreit ist von seinem unterschwelligen Wunsch nach Kontrolle und Macht, kann es womöglich gerade dem nicht fokussierten Blick unserer Zeit gelingen, neue Bereiche des Sehens und Denkens zu erschließen. Der Verlust an Schärfe und Konzentration, den die Bilderflut verursacht hat, kann das Auge unter Umständen auch von seiner patriarchalischen Dominanz befreien und einem partizipatorischen und empathischen Blick den Weg ebenen. Die technologische Erweiterung der Sinne nämlich hat zwar bis jetzt das Primat des Sehens verstärkt, gleichzeitig aber können die neuen Technologien »dem Körper [...] dabei helfen, den kartesianischen Betrachter mit seinem distanzierten und unbeteiligten Blick vom Sockel zu stürzen«.[67]

Martin Jay bemerkt hierzu: »Im Gegensatz zu den klaren, geradlinigen, festen, starren, abgeschlossenen und planimetrischen Formen der Renaissance [...] waren die des Barock malerisch geschwungen, weich umrissen, vielgestaltig und offen.«[68] Weiter weist er darauf hin, »dass die visuelle Erfahrung im Barock einen stark taktilen und haptischen Charakter hatte, was sie davor behütete, dem okularzentrischen Perspektivismus ihres kartesianischen Rivalen zu verfallen«.[69]

Die haptische Erfahrung scheint aufgrund der taktilen Präsenz moderner Bilderwelten auch in den Herrschaftsraum des Okularen vorzudringen. In einem Musikvideo beispielsweise oder in der vielschichtigen Transparenz unserer urbanen Umgebung können wir die Bilderflut nicht einfach anhalten, um sie genauer zu beobachten und zu analysieren. Wir müssen sie daher als eine Erweiterung unseres haptischen Empfindens begreifen, etwa so wie ein Schwimmer den Strom des Wassers an seiner oder ihrer Haut verspürt.

In seinem grundlegenden Werk *Die Öffnung des Sehens: Nihilismus und die Situation der Postmoderne* differenziert David Michael Levin zwischen zwei Arten des Sehens: dem »assertorischen Blick« und dem »aletheischen Blick«.[70] Seiner Ansicht nach ist der assertorische Blick eng, dogmatisch, intolerant, starr, steif, unflexibel, ausschließend und ungerührt. Den aletheischen Blick dagegen assoziiert Levin mit der hermeneutischen Methode der Wahrheitsfindung, hält

9

10

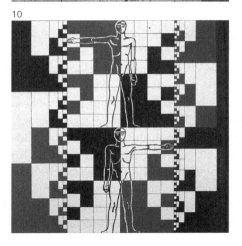

ARCHITEKTUR UND MENSCHLICHE GESTALT

9
Wir interpretieren ein Gebäude gerne als Analogie zu unserem Körper und umgekehrt.

Karyatiden des Erechtheion auf der Akropolis in Athen (421–405 v. Chr.).

10
Schon im alten Ägypten wurde der menschliche Körper als Maßstab für die Architektur verwendet. Die anthropozentrische Tradition ist in der Moderne beinahe gänzlich in Vergessenheit geraten.

Aulis Blomstedts Studie eines architektonischen Proportionssystems, basierend auf der pythagoreischen Unterteilung eines Grundmaßes von 180 cm (vermutlich aus den frühen 1960er-Jahren).

ihn also für eine Betrachtungsweise, die mehrere verschiedene Standpunkte und Perspektiven einnehmen kann. Der aletheische Blick ist deshalb ein pluralistischer, demokratischer, kontextueller, horizontaler, einschließender und fürsorglicher Blick.[71] Levin zufolge gibt es derzeit einige Anzeichen dafür, dass eine neue Art des Sehens entsteht.

Auch wenn die neuen Technologien die Vorherrschaft des Visuellen vergrößert haben, können sie doch auch dazu beitragen, das Reich der Sinne wieder ins Lot zu bringen. Nach Walter Ongs Auffassung »sind wir dank elektronischer Technologien wie Telefon, Radio und Fernsehen inzwischen in einem ›oralen Zeitalter zweiter Ordnung‹ angelangt. Diese neue Oralität besitzt mit der alten eine bemerkenswerte Ähnlichkeit, was ihren partizipatorischen Zauber, ihre Förderung von Gemeinschaftssinn, ihre Konzentration auf das Augenblickliche anbelangt [...].«[72]

»Wir in der westlichen Welt beginnen nun langsam zu entdecken, wie sehr wir unsere Sinne vernachlässigt haben. Das Bewusstsein dafür wächst und stellt wohl so etwas wie eine längst überfällige Auflehnung gegen den schmerzhaften Entzug sinnlicher Erfahrung dar, den wir in unser technologisierten Welt erlitten haben«, schreibt der Anthropologe Ashley Montagu.[73] Dieses neue Bewusstsein haben sich heute auch zahlreiche Architekten rund um den Globus zu eigen gemacht und versuchen es nun mit großem Nachdruck in Architektur umzusetzen. Sie möchten der Architektur wieder ihre Sinnlichkeit zurückgeben, indem sie den Sinn für Materialität und Haptik, für Struktur und Gewicht, für räumliche Dichte und für die Wechselwirkung von Licht und Material verstärken.

TEIL 2

Wie ich im vorangehenden Überblick kurz darzustellen versuchte, gehört die Privilegierung des Sehsinns gegenüber anderen Sinnen zu den zentralen Themen des westlichen Denkens. Auch in der Architektur unseres Jahrhunderts ist sie eine offenkundige Grundtendenz. Natürlich wird diese negative Entwicklung in der Architektur durch Management- und Organisationsstrukturen sowie durch Zwänge in der Produktion stark gefördert; aber auch die Abstraktions- und Universalisierungsbestrebungen der technologischen Vernunft selbst sind dafür mitverantwortlich. So sollten die negativen Entwicklungen im Bereich der Sinne nicht ausschließlich einer historischen Privilegierung des Sehsinns zugeschrieben werden. Vielmehr sind auch physiologische, wahrnehmungsspezifische und psychologische Ursachen zu berücksichtigen.[74] Die Probleme scheinen sich einerseits aus der Isolation des Auges zu ergeben, die verhindert, dass es mit den anderen Sinnen interagieren kann. Andererseits resultieren sie aus der Ausschaltung oder Unterdrückung dieser anderen Sinne, die unsere Erfahrung der Außenwelt ganz auf die Sphäre des Sichtbaren reduziert. Diese Abkopplung und Reduzierung nimmt der Wahrnehmung ihre natürliche Vielschichtigkeit, ihren Reichtum und ihre Plastizität, sie fragmentiert sie und verstärkt so ein Gefühl der Distanz und Entfremdung.

Im folgenden zweiten Teil werde ich deshalb einen Überblick über das Zusammenspiel der Sinne geben und auch einige persönliche Eindrücke aus diesem Bereich schildern, die ich in meiner bisherigen Architekturerfahrung gewonnen habe. Ich möchte mit diesem Essay eine sinnliche Architektur propagieren, die sich gegen die vorherrschende Auffassung wendet, dass Baukunst nur rein visuelle Kunst sei.

Der Körper im Zentrum

Wenn ich in einer Stadt bin, konfrontiere ich sie ständig mit meinem Körper: Wenn ich sie zu Fuß durchquere, sind meine Schritte das Maß für die Länge eines Säulengangs und die Breite eines Platzes. Wenn ich eine Kathedrale betrachte, projiziere ich unbewusst meinen Körper auf ihre Fassade, indem ich mit meinen Blicken an Gesimsen und Pilastern entlangwandere und so ihre Vertiefungen und Vorsprünge empfinde. Wenn ich mich schließlich mit meinem ganzen Körpergewicht gegen das Tor der Kathedrale gestemmt habe und meine Hände die Klinke niederdrücken, trete ich ein in die dunkle Leere dahinter. Ich erlebe mich selbst in der Stadt, und die Stadt existiert durch meine Körpererfahrung. Die Stadt und mein Körper ergänzen sich und definieren einander. Ich wohne in der Stadt, und die Stadt wohnt in mir.

Merleau-Ponty macht in seiner Philosophie den Körper zum Zentrum aller Erfahrung. Eine seiner Kernthesen fasst Richard Kearney so zusammen: »[...] dass wir es unserem Körper als Lebenszentrum der Intentionalität verdanken [...], dass wir unsere Welt auswählen können und die Welt uns«.[75] In Merleau-Pontys eigenen Worten »ist der eigene Leib in der Welt wie das Herz im Organismus: Er ist es, der alles sichtbare Schauspiel unaufhörlich am Leben erhält, es innerlich ernährt und beseelt, mit ihm ein einziges System bildet«;[76] und an anderer Stelle: »[...] Sinneserfahrung ist instabil und der natürlichen Wahrnehmung fremd, die sich mit unserem ganzen Leib auf einmal vollzieht und sich einer Welt interagierender Sinne öffnet.«[77]

Der Körper integriert sinnliche Erfahrungen, oder besser, sie gehen ein in die Gesamtverfasstheit des Körpers und in die Seinsweise des Menschen überhaupt. Die psychoanalytische Theorie hat hierzu den Begriff des Körperbildes oder Körperschemas als Integrationszentrum entwickelt. Unser Körper und unsere Bewegungen stehen in ständigem Austausch mit ihrer Umgebung; unaufhörlich sind Welt und Selbst in Kontakt, informieren und definieren einander. Das Wahrnehmungsbild des Körpers und das Bild der Welt werden zu einer einzigen kontinuierlichen existenziellen Erfahrung. Es gibt keinen Körper, der abgetrennt wäre von einem Ort und Zuhause im Raum, und es gibt keinen Raum, der nicht verbunden wäre mit den unbewussten Bildern des wahrnehmenden Selbst.

»Das Körperbild [...] ist stark von haptischen und der Orientierung dienenden Erfahrungen der frühen Kindheit geprägt. Unsere visuellen Vorstellungen entwickeln sich dagegen erst später und beziehen ihre Inhalte aus diesen haptischen Primärerfahrungen«, beschreiben Kent C. Bloomer und Charles W. Moore in ihrer wegweisenden Studie *Architektur für den »Einprägsamen Ort«* die Rolle des Körpers und der Sinne in der Architekturerfahrung.[78] Sie erklären weiter: »Unsere heutigen Wohnstätten lassen die Möglichkeit des Austauschs zwischen Körper, Imagination und Umgebung vermissen«;[79] ... »Bis zu einem gewissen Grad zumindest kann jeder Ort erinnert werden, teils wegen seiner Einzigartigkeit, teils aber auch dadurch, dass er unsere Körper derart angeregt und in uns so viele Assoziationen wachgerufen hat, dass wir ihn in persönlicher Erinnerung behalten.«[80]

Multisensorische Erfahrung

Ein Waldspaziergang spendet Kraft und kann heilsam sein, weil er alle unsere Sinne in Anspruch nimmt; Bachelard spricht deshalb von der »Polyphonie der Sinne«.[81] Das Auge kommuniziert mit dem Körper und mit den anderen Sinnen. Dieser ständige wechselseitige Austausch bestimmt und stärkt unseren Realitätssinn. Architektur besteht im wesentlichen in einer Erweiterung der Natur, einer Ausdehnung bis in den vom Menschen geschaffenen Bereich hinein. Dort bietet sie der Wahrnehmung eine Grundlage und dem Erfahren und Verstehen der Welt einen Horizont. Sie ist kein in sich abgeschlossenes Kunstprodukt, das sich selbst genügt; sie steigert unsere Aufmerksamkeit und eröffnet unserer existenziellen Erfahrung neue Horizonte. Architektur gibt gesellschaftlichen Einrichtungen, aber auch dem normalen Alltagsleben einen konzeptuellen und materiellen Rahmen. Sie macht anschaulich und konkret erlebbar, wie die Jahreszeiten wechseln, der Sonnenlauf sich ändert und die Stunden eines Tages vergehen.

Jede tiefergehende Architekturerfahrung ist multisensorisch; Auge, Nase, Zunge, Ohr, Haut, Skelett und Muskeln beurteilen die Eigenschaften von Raum, Material und Maßstab. Architektur bestärkt uns in unserer existenziellen Erfahrung, in unserem Empfinden, in der Welt zu sein, und dadurch verhilft sie uns zu einer tieferen Erfahrung unseres Selbst. Anstatt nur den Sehsinn oder die fünf klassischen Sinne zu berücksichtigen, integriert Architektur verschiedenste Bereiche sinnlicher Erfahrung, die ständig interagieren und schließlich zu einer einzigen Erfahrung verschmelzen.[82]

Der Psychologe James J. Gibson hält die Sinne sogar für ziemlich aggressive Suchmechanismen und nicht nur für passive Empfänger. Anstatt die Sinne in fünf einzelne, voneinander unabhängige zu kategorisieren, gibt Gibson fünf Sinnes*systeme* an: das visuelle System, das auditive System, das Geschmackssystem, das Orientierungssystem und das haptische System.[83] Die Philosophie Steiners geht sogar davon aus, dass wir in Wirklichkeit nicht weniger als zwölf Sinne gebrauchen.[84]

Die Augen möchten mit den anderen Sinnen kommunizieren. Alle Sinne, einschließlich des Sehsinns, können als Erweiterungsformen des Tastsinns betrachtet werden – also als Spezialisierungen der Haut. Sie bilden die Schnittstelle zwischen Haut und Umgebung – zwischen der undurchsichtigen Innenwelt des Körpers und der klar hervortretenden Außenwelt. Nach Ansicht René Spitz' »beginnt alle Wahrnehmung in der Mundhöhle, welche seit Urzeiten als eine Brücke zwischen Außen- und Innenwahrnehmung dient«.[85] Sogar das Auge kann etwas berühren; jeder Blick beinhaltet eine unbewusste Berührung, eine Mimesis und Identifizierung durch den Körper. Eben dies beschreibt Martin Jay, wenn er über die Philosophie Merleau-Pontys spricht: »Sehend berühren wir Sonne und Sterne.«[86] Bereits vor Merleau-Ponty, im 18. Jahrhundert, vertrat der irische Philosoph und Geistliche George Berkeley die Auffassung, dass Tast- und Sehsinn miteinander verbunden sind, und vermutete, dass das visuelle Begreifen von Materialität, Entfernung und räumlicher Tiefe nicht ohne haptische Erinnerungen möglich wäre. Nach Berkeleys Ansicht benötigt der Sehsinn die Hilfe des Tastsinns, der ihn mit Empfindungen von »Festigkeit, Widerstand und Plastizität« versorgt.[87] Ein Sehsinn, der vom Tastsinn abgetrennt sei, könne »keine Vorstellung von Entfernung, Außen oder Tiefe vermitteln, und folglich auch nicht von Körper und Raum«.[88] In Übereinstimmung mit Berkeley erklärt schließlich auch Hegel, dass der einzige Sinn, der einen Eindruck von räumlicher Tiefe vermitteln könne, der Tastsinn sei, da dieser »das Gewicht, den Widerstand und die dreidimensionale Gestalt der materiellen Körper empfindet und uns auf diese Weise vor Augen führt, wie die Dinge sich von uns weg nach allen Richtungen hin ausdehnen«.[89]

Im Sehen wird uns vor Augen geführt, was wir durch Fühlen und Tasten schon längst wissen. Wir können uns den Tastsinn als das Unbewusste des Sehsinns vorstellen. Unsere Augen streifen in der Ferne über Oberflächen, Umrisse und Kanten, während die unbewusste tastende Empfindung bestimmt, ob die Erfahrung angenehm oder unangenehm ist. Nähe und Ferne werden mit der gleichen Intensität wahrgenommen und verschmelzen zu einer kohärenten Erfahrung. Oder wie es Merleau-Ponty ausdrückt:

> Wir *sehen* die Tiefe, das Samtene, die Weichheit, die Härte der Gegenstände – Cézanne meinte sogar: ihren Duft. Wenn der Maler die Welt ausdrücken will, muss die Anordnung der Farben dieses unteilbare Ganze in sich bergen; sonst bleibt seine Malerei eine bloße Anspielung auf die Dinge und gibt sie nicht in der gebieterischen Einheit, in der Präsenz und unüberbietbaren Fülle wieder, die für uns alle das Reale definiert.[90]

In der Weiterentwicklung von Goethes Vorstellung, dass ein Kunstwerk auch »Lebenssteigerung« bedeuten müsse,[91] kommt Bernard Berenson zu dem Schluss, dass wir uns im Erfahren von Kunst eine Begegnung vorstellen, die unverfälscht und physisch ist und »von erdachten oder imaginierten Empfindungen (ideated sensations)« hervorgerufen wird. Die wichtigsten von ihnen nennt er »taktile Werte«.[92] Seiner Ansicht nach stimuliert ein authentisches Kunstwerk unseren imaginären Tastsinn, und diese Stimulation wiederum »steigert« das Leben. Betrachten wir eine der Badenden von Pierre Bonnard, können wir fühlen, wie warm das Wasser in der Wanne ist, und in Turners Landschaften »sehen« wir geradezu die Feuchtigkeit der Luft. Die Hitze der Sonne und eine kühle Brise hingegen spüren wir, wenn wir bei Matisse durch ein geöffnetes Fenster aufs Meer blicken.

Auf gleiche Art und Weise erzeugt auch ein architektonisches Werk ein ganzes Bündel von Eindrücken, die nicht

11

12

DIE STADT DER TEILNAHME – DIE STADT DER ENTFREMDUNG

11

Die Stadt des sinnlichen Reichtums, die die Sinne anspricht.

Pieter Bruegel der Ältere, *Kinderspiele*, 1560. Detail.

12

Die moderne Stadt der sinnlichen Armut, des sinnlichen Entzugs und Mangels.

Geschäftsviertel in Brasilia, Brasilien, 1968.

Foto: Juhani Pallasmaa.

voneinander zu trennen sind. In der realen »hautnahen« Begegnung mit Frank Lloyd Wrights ›Fallingwater‹ verbinden sich der umgebende Wald, die Volumen, Oberflächen, Strukturen und Farben des Hauses zu einer einzigartigen und umfassenden Erfahrung, in die sogar noch Walddüfte und Flussgeräusche einfließen können. Ein architektonisches Werk wird nicht als bloße Ansammlung isolierter visueller Bilder erfahren, sondern in seiner ganzen materiellen und spirituellen Präsenz. Ein Werk der Architektur verkörpert und verbindet sowohl physische als auch geistige Strukturen. Die starre Frontalität, wie sie eine Architekturzeichnung normalerweise vermittelt, geht in der Erfahrung gebauter Architektur gänzlich verloren. Gute Architektur bietet Formen und Oberflächen an, die Lust machen, sie mit den Blicken zu berühren. »Kontur und Profil (*modénature*) sind die Prüfsteine des Architekten«, wie Corbusier sagte und damit auch auf eine taktile Seite seines ansonsten streng okularen Architekturverständnisses verwies.[93]

Die Bilder eines sensorischen Bereichs stimulieren auch das Vorstellungsvermögen anderer Sinnesarten. Die Abbilder des Gegenwärtigen befeuern unser Erinnerungsvermögen, unsere Imagination und unsere Träume. »Der größte Nutzen des Hauses ist, dass es unsere Tagträume umhegt; das Haus beschützt den Träumer, das Haus erlaubt uns, in Frieden zu träumen«, schreibt Bachelard.[94] Darüber hinaus ist ein architektonischer Raum auch dazu in der Lage, unseren Gedanken einen Rahmen zu geben, sie pausieren zu lassen, sie zu stärken und zu bündeln oder aber sie vor dem Verirren zu bewahren. Wir können träumen und uns vorstellen, wie wir uns draußen fühlen würden, aber wir brauchen die Geometrie eines architektonischen Raumes um uns herum, um klar denken zu können. Die Geometrie des Raumes findet in der Geometrie des Denkens ihren Widerhall.

In seinem *Buch vom Tee* gibt uns Okakura Kakuzō ein äußerst anschauliches Beispiel für eine multisensorische Vorstellungswelt, indem er mit großem Einfühlungsvermögen eine Teezeremonie beschreibt:

> Es herrscht Stille, und nichts bricht das Schweigen außer dem Klang des kochenden Wassers im eisernen Kessel. Der Gesang des Kessels ist wohlklingend, denn auf seinem Boden sind einige Eisenstücke so arrangiert, dass sie eine ganz besondere Melodie erzeugen, die an das Echo eines in Wolken gehüllten Wasserfalls erinnert oder an ferne Meereswellen, die sich an den Felsen brechen, einen Regenschauer, der durch den Bambuswald fegt, oder auch das Knarren von Kiefern auf irgendeinem weit entfernten Hügel.[95]

In Okakuras Beschreibung verschmelzen das Anwesende und Abwesende, das Nahe und Ferne, das Empfundene und das Imaginierte ineinander. Der Körper ist mehr als bloße physische Entität; gleichzeitig ist er auch von Erinnerung und Traum, von Vergangenheit und Zukunft erfüllt. Edward S. Casey behauptet sogar, dass wir nichts ohne unser Körpergedächtnis erinnern könnten.[96] Die Welt spiegelt sich im Körper wider, und der Körper wird auf die Welt projiziert. Wir erinnern uns ebenso sehr mit unserem Körper wie mit unserem Nervensystem und Gehirn.

Die Sinne leiten nicht nur Informationen an den Intellekt zur Beurteilung weiter, sie sind auch ein Mittel, Imaginationskräfte zu aktivieren und Gedachtes sinnlich zu artikulieren. Jede Art von Kunst verarbeitet metaphysische und existenzielle Vorstellungen und versucht diese in ihrem jeweils eigenen Medium und dessen spezieller sensorischer Charakteristik auszudrücken. »Jede Theorie der Malerei ist Metaphysik«, meinte Merleau-Ponty.[97] Seine These ließe sich ebenso gut auf die Praxis der Malerei anwenden, da jedes Gemälde auf Annahmen beruht, die das Wesen der Welt betreffen. »Der Maler ›bringt seinen Körper ein‹, sagt [Paul] Valéry. Und in der Tat kann man sich nicht vorstellen, wie ein [reiner] Geist allein malen könnte«, schreibt Merleau-Ponty.[98]

Ebenso wenig können wir uns Architektur als etwas rein Geistiges vorstellen, das nicht zugleich Projektion des menschlichen Körpers und seiner Bewegungen im Raum wäre. Die Kunst der Architektur befasst sich immer auch mit metaphysischen und existenziellen Fragen, die den Menschen und sein In-der-Welt-Sein betreffen. Die Planung von Architektur erfordert zwar klares Denken, doch es handelt sich dabei um eine besondere Denkweise, die sich sowohl des Körpers und seiner Sinne als auch der Architektur selbst als Medium bedient. Architektur verarbeitet und kommuniziert ihre Gedanken durch »plastische Emotionen«,[99] die aus der körperlichen Konfrontation des Menschen mit seiner Umwelt entstehen. Meiner Ansicht nach ist es die Aufgabe der Architektur, »sichtbar zu machen, wie die Welt uns berührt«, wie Merleau-Ponty einmal in Bezug auf die Malerei Cézannes schrieb.[100]

Die Bedeutung des Schattens

Das Auge ist das Organ der körperlichen Distanz und der Trennung, wohingegen der Tastsinn der Sinn der körperlichen Annäherung, Intimität und Zuneigung ist. Das Auge überwacht, kontrolliert und erforscht, während der Tastsinn Nähe und Zärtlichkeit sucht. Werden wir von emotionalen Erfahrungen überwältigt, schalten wir gerne den distanzierenden Sehsinn ab; wir schließen die Augen, wenn wir träumen, Musik hören oder unsere Liebsten zärtlich berühren. Als essenziell erscheinen deshalb dunkle Schatten und tiefe Dunkelheit, nehmen sie doch der visuellen Wahrnehmung ihre Schärfe, verleihen der Tiefe und Ferne wieder ihre Mehrdeutigkeit und laden so zu unbewusstem peripherem Sehen und zu den Fantasien des Taktilen ein.

Um wie viel geheimnisvoller und anziehender erscheint doch die Straße in einer alten Stadt mit ihren wechselnden

Zonen von Licht und Dunkelheit im Vergleich zu den gleichmäßig hell ausgeleuchteten Straßen von heute! Gedämpftes Licht und Schatten begünstigen Imagination und Träumerei. Um klar zu denken, muss dem Sehen seine Schärfe genommen werden, denn mit einem unfokussierten und in die Ferne gerichteten Blick lassen sich Gedanken besser auf Reisen schicken. Gleichmäßig helles Licht paralysiert unser Vorstellungsvermögen ebenso, wie die Homogenisierung des Raums unsere Daseinserfahrung und unser Ortsgefühl schwächt. Ohnedies ist das menschliche Auge von Natur aus perfekt auf Dämmerlicht und kaum auf helles Tageslicht eingestellt.

Dunstiges und dämmriges Licht begünstigt die Imagination, indem es ein Bild unklarer, aber mehrdeutiger erscheinen lässt. Die chinesische Malerei einer nebligen Berglandschaft etwa oder der fein gerechte Kies im Zen-Garten des Ryōan-ji rufen eine ungerichtete Wahrnehmung hervor, die zu einem tranceartigen, meditativen Zustand führt. Der geistesabwesende Blick dringt hinter die Oberfläche der physischen Erscheinung und richtet sich in die Unendlichkeit.

Tanizaki Jun'ichirō behauptet in seinem Buch *Lob des Schattens*, dass sogar japanische Kochkunst auf Schatten beruht und untrennbar von der Existenz der Dunkelheit sei: »Und wenn Yōkan in einem kleinen Lackschüsselchen serviert wird, ist es, als ob dir die Dunkelheit des Raumes auf der Zunge zergehen würde.«[101] Der Autor erinnert uns daran, dass in früherer Zeit die geschwärzten Zähne der Geishas, ihre grünen Lippen und ihr weiß geschminktes Gesicht alle dem gemeinsamen Zweck dienten, die Dunkelheit und die Schatten des Raumes zu betonen.

Ähnliches geschieht auch auf den Gemälden Caravaggios und Rembrandts, deren ungewöhnliche Präsenz und Kraft in der Bildführung aus einem tiefen Schatten erwachsen, welcher die Hauptfigur umfängt und wie einen kostbaren Gegenstand auf dunklem Samt bettet, der alles Licht absorbiert. Der Schatten verleiht dem derart ins Licht gesetzten Gegenstand Form und macht ihn lebendig. Er bietet der Fantasie und den Träumen ausreichend Raum. Deshalb gehört die Kunst des Chiaroscuro auch in der Baukunst zum Repertoire der großen Meister. Die wahrhaft großen Räume der Architektur sind immer erfüllt von einem tiefen Atmen aus Schatten und Licht; der Schatten atmet das Licht ein, und die Beleuchtung atmet es wieder aus.

Heutzutage ist Licht zu einer rein quantitativen Frage geworden. Das Fenster hat seine ursprüngliche Bedeutung verloren, es vermittelt nicht mehr zwischen zwei Welten; zwischen der geschlossenen Welt auf der einen und der offenen Welt auf der anderen Seite, zwischen innen und außen, privat und öffentlich, Schatten und Licht. Mit dem Verlust seiner ontologischen Bedeutung verweist das Fenster lediglich auf etwas Abwesendes, auf eine Wand, die nicht vorhanden ist. Luis Barragán, der große Zauberer des Verborgenen, Geheimnisvollen und Intimen in der Architektur schreibt:

> Nehmen Sie [...] nur diese riesigen Flachglasfenster. Sie berauben unsere Gebäude vollkommen ihrer Intimität, ihrer Schatteneffekte, ihrer Atmosphäre. Weltweit haben sich Architekten in den Ausmaßen von Flachglasfenstern und anderen Gebäudeöffnungen geirrt.[...] Wir haben unseren Sinn für ein Leben im Intimen verloren und sind dazu gezwungen, ein Leben im Öffentlichen, fern von unserem Zuhause zu führen.[102]

Ebenso würden die meisten öffentlichen Plätze weit angenehmer wirken, wäre das Licht auf ihnen weniger stark und weniger gleichmäßig. Der dunkle, uterushafte Rathaussaal Alvar Aaltos in Säynätsalo zum Beispiel belebt das Gemeinschaftsgefühl im mystischen und mythologischen Sinne; sein Dunkel erzeugt ein Gefühl von Solidarität und stärkt die Macht des gesprochenen Wortes.

14

ARCHITEKTUR DES HÖRENS UND RIECHENS

13
In historischen Städten und Räumen werden visuelle Erfahrungen durch akustische Eindrücke verstärkt und bereichert.

Die frühe Zisterzienser-Abtei von Le Thoronet, 1136 erstmals errichtet in Florielle, 1176 an ihren heutigen Standort versetzt.

14
Wir erfahren einen Ort umso intensiver, je mehr alle Sinnesbereiche miteinander verbunden sind und zu einem unvergesslichen Bild verschmelzen.

Ein Ort der Düfte: der Gewürzmarkt in Harar, Äthiopien.

Foto: Juhani Pallasmaa.

In starken Gefühlszuständen scheinen weit weniger die kultivierten als die archaischen Sinne stimuliert zu werden. Es findet eine Verlagerung vom Sehen zum Hören, Berühren und Schmecken statt, oder allgemein vom Licht zum Schatten. Eine Kultur, die ihre Bürger zu kontrollieren sucht, wird daher aller Wahrscheinlichkeit nach auch versuchen, dieser Tendenz entgegenzuwirken. Sie wird die Kommunikation der Sinne weg von individueller Identifikation und hin zu öffentlicher Entfremdung führen. Eine Überwachungsgesellschaft ist zwangsläufig eine Gesellschaft der Voyeure und Sadisten, und nicht umsonst ist grelle Dauerbeleuchtung eine psychologisch überaus wirksame Foltermethode. Diese erlaubt keinerlei seelischen Rückzug mehr und keinerlei Privatsphäre; nicht einmal das innerste Selbst ist dunkel genug, als dass es nicht von der Grelle des Lichts verletzt werden könnte.

Akustische Intimität

Sehen isoliert, Hören hingegen nimmt auf und schließt ein; Sehen ist ein streng ausgerichteter Vorgang, Hören dagegen nimmt Reize aus allen Richtungen auf. Der Sehsinn impliziert eine Außenwelt, Töne und Geräusche schaffen dagegen eine Innenwelt. Ich betrachte aus der Ferne ein Objekt, aber sein Klang kommt auf mich zu; das Auge greift aus, aber das Ohr empfängt. Ein Gebäude reagiert nicht auf unsere Blicke, doch seine Wände reflektieren unsere Klänge und Geräusche. »Die zentrierende Wirkung des Klangs beeinflusst auch das kosmische Empfinden des Menschen«, schreibt Walter Ong. »Für orale Kulturen ist der Kosmos ein stetig fortlaufendes Ereignis mit dem Menschen im Zentrum. Der Mensch ist der *umbilicus mundi*, der Nabel der Welt.«[103] Ein solcher »Sinn der Mitte« jedoch scheint unserer gegenwärtigen Welt abhanden gekommen zu sein. Es mag deshalb nachdenklich stimmen, dass der Verlust der Integrität dieser akustischen Welt hierfür, zumindest teilweise, die Ursache sein könnte.

Hören strukturiert unser Raumverständnis und verleiht unserer Raumerfahrung eine akustische Form. Normalerweise sind wir uns der Bedeutung des Hörens für unsere Raumerfahrung nicht bewusst, auch wenn Töne und Geräusche oft das zeitliche Kontinuum bilden, in das visuelle Eindrücke eingebettet sind. Entfernt man zum Beispiel die Tonspur von einem Film, verlieren die Szenen ihre Plastizität, ihren Sinn für Kontinuität und wirken unecht. Tatsächlich kompensierte deshalb der Stummfilm das Fehlen des Tons durch schauspielerische Übertreibung.

Der englische Maler und Essayist Adrian Stokes stellte Beobachtungen über die gegenseitige Beeinflussung von Raum und Klang sowie Klang und Stein an. Er schreibt: »Wie gute Mütter sind auch Gebäude gute Zuhörer. Lange, gleichmäßige Klänge, einzeln oder scheinbar in Klangbündel gefasst, wirken beruhigend auf die Körperöffnungen der Paläste ein, die sich allmählich vom Kanal oder dem gepflasterten Gehweg aus zurücklehnen. Ein langer Klang und sein Echo bringen den Stein zur Vollendung.«[104]

Jeder, der schon einmal vom Geräusch eines Zuges oder eines Krankenwagens nachts in der Stadt halb aufgewacht ist und so im Halbschlaf den Raum der Stadt mit ihren unzähligen, in ihr verborgenen Einwohnern erfahren hat, weiß, welche Macht das Akustische über die Imagination haben kann; die Geräusche der Nacht erinnern den Menschen an seine Einsamkeit und Sterblichkeit, sie bringen ihm eine ganze Stadt, während sie schläft, zu Bewusstsein. Wer einmal in einer dunklen Ruine das Tropfen von Wasser gehört hat, wird bestätigen können, wie sehr dieses Geräusch in den Bann ziehen kann und wie außergewöhnlich begabt unser Gehör darin ist, auch der Leere der Dunkelheit eine Form, ein Volumen abzugewinnen. Ein solcher Raum gleicht einer Höhle, die unser Gehör direkt in das Innere unseres Geistes gegraben hat.

Das letzte Kapitel von Steen Eiler Rasmussens wegweisendem Buch *Architektur – Erlebnis* ist bezeichnenderweise mit »Architektur hören« überschrieben.[105] Der Autor beschreibt darin die vielfältigen Dimensionen, die Geräusche haben können, und erinnert an die Akustik der Abwasserkanäle Wiens, die wir in Orson Welles' Film *Der Dritte Mann* erleben können: »Unser Gehör bekommt gleichermaßen einen Eindruck von der Länge wie auch der zylindrischen Form des Tunnels.«[106]

Ebenso können wir uns ein unbewohntes Haus vorstellen und den harten, hohlen Klang seiner unmöblierten Räume vergleichen mit der angenehmen Akustik eines bewohnten Hauses, in dem sich der Klang an den zahllosen Oberflächen der Alltagsgegenstände bricht. Jedes Gebäude hat einen eigenen akustischen Charakter, es kann intim klingen oder monumental, einladend oder abweisend, gastfreundlich oder auch feindlich. Ein Raum wird über das Echo, das er erzeugt, ebenso erfahren und eingeschätzt wie über seine visuelle Form. Aber es ist der akustische Eindruck, der unbewusst, aus dem Hintergrund heraus die Erinnerung beeinflusst.

Sehen ist die Wahrnehmungsform des einsamen Beobachters, wohingegen Hören ein Gefühl der Verbundenheit und Zusammengehörigkeit schafft. Unser Blick wandert einsam durch die dunklen Tiefen einer Kathedrale, doch der Klang einer Orgel lässt uns augenblicklich eine große Nähe zu dem Raum erfahren. Wir starren allein in die Ungewissheit eines Zirkuszelts, doch sobald der Applaus losbricht und die Spannung sich löst, fühlen wir uns mit der Menge vereint. Wenn wir durch die Straßen einer Stadt gehen und Kirchenglocken hören, erinnert uns ihr Klang auch daran, dass wir Bürger dieser Stadt sind. Gehen wir durch die Straßen, so versetzt uns das Echo unserer eigenen Schritte in eine erregte Spannung, denn der Klang, den die umgebenden Mauern zu uns zurückwerfen, lässt uns direkt mit dem Raum interagieren. Wir berühren die Grenzen des Raums, wenn wir ihn hören. Die Schreie der Möwen im Hafen erzählen uns von der Unermesslichkeit des Ozeans und der Unendlichkeit des Horizonts.

Jede Stadt hat ihren eigenen Klang, der abhängt von Straßenschema und -größe sowie von den Bauformen und -materalien, die darin vorzugsweise verwendet wurden. Das Klangbild einer Stadt der Renaissance ist ein gänzlich anderes als das einer Barockstadt. Unsere heutigen Städte jedoch haben alle ihr Klangbild verloren. Die weiten und offenen Räume der Städte der Gegenwart reflektieren keinen Klang mehr, und die Innenräume heutiger Gebäude absorbieren und zensieren jedes Echo. Das Dauermusikprogramm der Einkaufszentren und öffentlichen Plätze schaltet jede Möglichkeit aus, Raum auch akustisch zu erfassen. Man hat unsere Ohren mit Blindheit geschlagen.

Stille, Zeit und Einsamkeit

Die stärkste Hörerfahrung, zu der uns Architektur verhelfen kann, ist die der Stille. Architektur präsentiert uns das dramatische Schauspiel ihrer Konstruktion als ein in Material, Licht und Raum verwandeltes Schweigen. Letztlich ist Architektur nichts anderes als die Kunst des Schweigens, das zu Stein geworden ist. Wenn die Bauarbeiten mit ihrer lärmenden Unordnung zu Ende gehen und die Rufe der Arbeiter langsam verstummen, wird ein Gebäude zu einem Museum des Wartens, der Geduld und des Schweigens. In ägyptischen Tempeln begegnen wir der Stille, die einst die Pharaonen umgab; in der Stille der gotischen Kathedrale erinnern wir uns an den letzten verklingenden Ton eines gregorianischen Gesangs; und im Pantheon ist es, als sei der Widerhall von Schritten aus dem alten Rom eben erst verstummt. Alte Häuser versetzen uns in eine Zeit, die langsamer verging, und in eine Vergangenheit, die das Schweigen kannte. Die Stille in der Architektur ist nicht stumm, sondern voller Erinne-

15

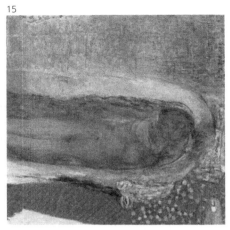

16

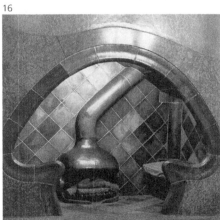

RÄUME INTIMER WÄRME

15
Intimität, Schutz und Geborgenheit wird am stärksten von nackter Haut empfunden.

Pierre Bonnard, *Frau im Bad*, 1937. Detail. Musée du Petit-Palais, Paris.

16
Der Platz am Ofen oder Kamin ist ein privater und intimer Ort der Wärme.

Antoni Gaudí, Casa Batlló, Barcelona, 1904–1906.

rungen. Architekturerfahrung kann so kraftvoll sein, dass sie alle äußeren Geräusche verstummen lässt; sie bündelt unsere Aufmerksamkeit auf die Wahrnehmung unserer eigenen Existenz und macht uns, wie jede Kunst, unserer elementaren Einsamkeit bewusst.

Die unglaubliche Beschleunigung während des letzten Jahrhunderts hat die Zeit kollabieren lassen und in eine flache Projektionsfläche des Gegenwärtigen verwandelt, auf der sich die Gleichzeitigkeit der Welt abbildet. Wenn Zeit aber ihre Dimension der Dauer verliert, und damit ihren Widerhall aus einer urgeschichtlichen Vergangenheit, dann verliert der Mensch auch sein Gefühl für sich als geschichtliches Wesen; er wird bedroht vom »Terror der Zeit«.[107] Architektur befreit uns von den Fesseln der Gegenwart und gestattet uns, eine wohltuend langsam vergehende Zeit zu erfahren. Gebäude und Städte sind Instrumente und Museen der Zeit. Sie ermöglichen uns, den Lauf der Geschichte zu beobachten und zu verstehen sowie an zeitlichen Abläufen teilzunehmen, welche die eigene individuelle Lebenszeit überschreiten.

Architektur verbindet uns mit den Toten; Gebäude versetzen uns in die Lage, uns das rege Treiben einer mittelalterlichen Straße vorzustellen oder eine Prozession, die sich feierlich auf eine Kathedrale zubewegt. Die Zeit in der Architektur ist festgehaltene Zeit, und in den eindrucksvollsten Gebäuden der Welt scheint die Zeit vollends stillzustehen. Im großen Peristyl des Karnak-Tempels finden wir die Zeit zu einer zeitlosen Gegenwart versteinert; Zeit und Raum scheinen in den stillen Zwischenräumen dieser gigantischen Säulen auf ewig aneinandergekettet. Materie, Raum und Zeit verschmelzen zu einer einzigen elementaren Erfahrung, der Empfindung des Seins.

Die großen Werke der Moderne scheinen für immer eine Zeit der Utopie und Hoffnung festzuhalten; sogar noch nach ihrem jahrzehntelangen Versuch zu altern verströmen sie noch ein Gefühl von Aufbruch und Versprechen. Alvar

Aaltos Sanatorium in Paimio ist ein immer noch ergreifendes Zeugnis des Glaubens an eine menschlichere Zukunft und an die gesellschaftlichen Rolle der Architektur. Le Corbusiers Villa Savoye möchte uns an die Einheit von Vernunft und Schönheit, die Untrennbarkeit von Ethik und Ästhetik glauben lassen. Und allen sozialen und kulturellen Katastrophen zum Trotz ist das Haus von Konstantin Melnikow in Móskau einfach stehen geblieben als stummer Zeuge des unbeugsamen Willens und utopischen Geistes, der es einst errichtete.

Kunst erfahren heißt sich als Betrachter in einen Dialog mit dem Werk zu begeben, der alle anderen Interaktionen ausschließt. »Kunst ist die Mise en scène der Erinnerung« und »ist von Einsamen für Einsame gemacht«, wie Cyril Connolly in seinem Gedichtband *Das ruhelose Grab* schreibt. Bezeichnenderweise sind genau diese Zeilen in Luis Barragáns Exemplar des Bandes unterstrichen.[108] Alle Kunsterfahrungen werden unbewusst von einem Gefühl der Melancholie begleitet; sie rührt von der Trauer über die Sterblichkeit alles Schönen her. Kunst zeigt immer ein Ideal, das unerreichbar ist, das Ideal der Schönheit, die für einen Moment die Ewigkeit berührt.

Räume des Geruchs

Nur acht Moleküle einer Substanz sind nötig, um einen Geruchsimpuls an einem Nervenende auszulösen, und wir können mehr als 10 000 verschiedene Gerüche erkennen. Oftmals ist es der Geruch, der sich von einem Raum am stärksten in die Erinnerung einprägt. Ich weiß zwar nicht mehr, wie die Eingangstür zu dem Bauernhaus meines Großvaters ausgesehen hat, doch ich erinnere noch genau daran, wie schwer sie war, welchen Widerstand ich bei ihr überwinden musste und wie verschrammt ihre hölzerne Oberfläche war vom jahrzehntelangen Gebrauch. Ganz besonders aber erinnere ich mich an den Geruch, der mir beim Betreten des Hauses entgegenschlug, wie eine zweite, unsichtbare Wand hinter der eigentlichen Eingangstür. Jeder Wohnraum hat seinen eigenen und besonderen Geruch.

Ein spezifischer charakteristischer Geruch lässt uns unwissentlich einen Raum noch einmal betreten, auch wenn dieser schon längst aus dem visuellen Gedächtnis verschwunden ist; Gerüche können vergessene Bilder wieder wachrufen und uns dazu einladen, eine Fantasiewelt zu betreten. Die Nase bringt die Augen dazu, sich zu erinnern. »Erinnerung und Imagination bleiben immer eng verbunden«, wie Bachelard schreibt: »Ich allein vermag in meinen Erinnerungen aus einem anderen Jahrhundert den tiefen Wandschrank zu öffnen, der für mich allein noch seinen einzigartigen Duft bewahrt hat, den Duft der Trauben, die auf dem Holzrost trocknen. Den Duft der Trauben! Er lässt sich nicht beschreiben, man muss viel Einbildungskraft haben, um ihn zu empfinden.«[109]

Was für ein Genuss ist es doch, in den engen Gassen einer alten Stadt von einem Duft zum nächsten zu wandern! Der Duft eines Süßwarengeschäfts erinnert uns an die Unschuld und Neugier der Kindheit; der intensive Geruch eines Schuhmacherladens lässt uns an Pferde, Sättel und Ledergeschirr denken und an die Faszination des Reitens; mit dem Wohlgeruch eines Brotgeschäfts assoziieren wir Bilder von Gesundheit, Nahrung und körperlicher Kraft, wohingegen wir beim verführerischen Duft einer Konditorei an bürgerliche Glückseligkeit denken mögen. Fischerorte besitzen einen besonders einprägsamen Geruch, weil sich in ihnen die Gerüche des Meeres und des Landes vermischen; der starke Geruch von Seetang lässt die Tiefe und Schwere des Meeres erahnen und macht so aus dem einfachsten, harmlosesten Fischerstädtchen ein Sinnbild des versunkenen Atlantis.

Beim Reisen ist es ein besonderes Vergnügen, sich mit der Geografie und dem Mikrokosmos der Gerüche und Geschmäcke bekannt zu machen. Jede Stadt bietet hier ihr eigenes, ganz spezielles Spektrum. Straßenverkaufsstände können dann zu regelrechten Geruchsausstellungen werden, die noch dazu äußerst appetitanregend sind: Meeresgetier, das nach Seegras riecht, Gemüse, dem noch der Geruch fruchtbarer Erde anhaftet, oder Früchte, die noch den süßen Duft von Sonne und feuchter Sommerluft verströmen.

Warum haben verlassene Häuser immer denselben dumpfen, stickigen Geruch? Kommt es daher, dass uns die Leere des Hauses, die wir mit den Augen wahrnehmen, zur Wahrnehmung dieses speziellen Geruchs stimuliert? Helen Keller konnte »ein altmodisches Landhaus allein an den verschiedenen Gerüchen erkennen, die dort nacheinander von den Familien, deren Pflanzen, Parfüms und Vorhängen hinterlassen worden waren«.[110]

In seinen *Aufzeichnungen des Malte Laurids Brigge* beschreibt Rainer Maria Rilke mit dramatischen Worten ein ihm gegenüber gelegenes Abbruchhaus, dessen Wände, obschon halb zerstört, noch voll Spuren sind, die von einem vergangenen Leben erzählen:

> [In der] zähen, trägen, stockigen Luft [...] standen die Mittage und die Krankheiten und das Ausgeatmete und der jahrealte Rauch und der Schweiß, der unter den Schultern ausbricht und die Kleider schwer macht, und das Fade aus den Munden und der Fuselgeruch gärender Füße. Da stand das Scharfe vom Urin und das Brennen vom Ruß und grauer Kartoffeldunst und der schwere, glatte Gestank von alterndem Schmalze.[111]

Das Retinalbild zeitgenössischer Architektur erscheint dagegen steril und leblos, verglichen mit dem emotionalen und assoziativen Reichtum der olfaktorischen Fantasie eines Dichters. Geruch und Geschmack werden von ihm in Worte verpackt, denen beide sogleich wieder entströmen. Mithilfe der Worte ist ein großer Schriftsteller in der Lage, eine ganze

Stadt in allen nur erdenklichen Farben des Lebens zu erschaffen. Doch auch bedeutende Werke der Architektur entwerfen ein ganzes Abbild des Lebens. Genau genommen entwirft ein großer Architekt sogar das Bild eines idealen Lebens, das sich in seinen Räumen und Formen verbirgt. Le Corbusiers Skizze eines hängenden Gartens für einen Wohnblock, auf dessen oberstem Balkon eine Frau Teppich klopft und eine Etage tiefer ihr Mann auf einen Boxsack einschlägt, oder der kleine elektrische Ventilator neben dem Fisch auf dem Küchentisch der Villa Stein-de Monzie sind Beispiele für ein außergewöhnliches Lebensgefühl, das die Bilder moderner Architektur vermitteln. Fotografien des Melnikow-Hauses offenbaren dagegen die dramatische Kluft, die zwischen der metaphysischen Geometrie einer Architekturikone und der prosaischen Realität eines traditionellen Lebens herrschen kann.

Berührung und Form

»Aber Hände sind schon ein komplizierter Organismus, ein Delta, in dem viel fernherkommendes Leben zusammenfließt, um sich in den großen Strom der Tat zu ergießen. Es gibt eine Geschichte der Hände, sie haben tatsächlich ihre eigene Kultur, ihre besondere Schönheit; man gesteht ihnen das Recht zu, eine eigene Entwicklung zu haben, eigene Wünsche, Gefühle, Launen und Liebhabereien.« So schreibt Rainer Maria Rilke in seinem Essay über Auguste Rodin.[112] Die Hände sind die Augen des Bildhauers; sie sind aber auch Denkorgane, wie Heidegger meint: »Allein das Wesen der Hand lässt sich nie als ein leibliches Greiforgan bestimmen oder von diesem her erklären. [...] Jede Bewegung der Hand in jedem ihrer Werke trägt sich durch das Element, gebärdet sich im Element des Denkens.«[113]

Die Haut registriert Struktur, Gewicht, Dichte und Temperatur von Materialien. Ein alter Gegenstand, dessen Oberflä-

17

18

DIE BEDEUTUNG VON SCHATTEN UND DUNKELHEIT

17
Das Gesicht ist in Dunkelheit gebettet wie ein kostbarer Gegenstand auf dunklem Samt.

Rembrandt, *Selbstporträt*, 1660. Detail.

18
Die Dunkelheit und Schattenwirkungen in einem finnischen Bauernhaus rufen ein Gefühl von Intimität und Stille hervor; Licht wird zu einem kostbaren Geschenk.

Das Pertinotsa-Haus vom Ende des 19. Jahrhundert, Seurasaari Freiluftmuseum, Helsinki.

che vom Werkzeug eines Handwerkers und von der ständigen Berührung durch seine Benutzer ganz blank poliert ist, wirkt auf die Hand wie eine Verführung. Es ist ein angenehmes Gefühl, eine Türklinke niederzudrücken, deren Glanz von den tausend Händen derer stammt, die vor uns eingetreten sind; der Glanz des Gebrauchs wirkt rein und alterslos und steht für freundlichen Empfang und Gastfreundschaft. Der Türgriff ist der Händedruck eines Gebäudes. Der Tast- und Berührungssinn bringt uns in Kontakt mit Zeit und Tradition: Mittels seiner Empfindungen schütteln wir die Hände zahlloser Generationen. Ein von den Wellen rund geschliffener Kieselstein fühlt sich in der Hand nicht nur wegen seiner Wohlgeformtheit so angenehm an, sondern auch weil er perfekter Ausdruck seines eigenen langsamen Formprozesses ist. Ein derart vollkommener Kieselstein in der Hand ist Materie gewordene Dauer, ist in Form gebrachte Zeit.

Als ich zum ersten Mal den wunderbaren Außenbereich vor Louis Kahns Salk Institute in La Jolla, Kalifornien, betrat, spürte ich die unwiderstehliche Versuchung, direkt auf die Wand aus Beton zuzugehen und ihre warme samtene Oberfläche und Wärme an meiner Haut zu spüren. Die Haut kann mit unfehlbarer Sicherheit angenehm temperierte Orte ausfindig machen; der kühle und erfrischende Schatten unter einem Baum oder die wohltuende Wärme eines Fleckchens Sonne werden zu Orts- und Raumerfahrungen. In meinen Kindheitserinnerungen aus einer ländlichen Gegend in Finnland ist immer noch das Bild der Hauswände lebendig, die gegen die Sonne standen und deshalb die Wärmestrahlung vervielfachten, speicherten und schließlich den Schnee schmolzen. Der Boden verströmte daraufhin den Geruch frischer Erde, die den nahenden Sommer ankündigte. Diese ersten Frühlingszeichen teilten sich meiner Haut und Nase ebenso intensiv mit wie meinen Augen.

Die Schwerkraft können wir über unsere Fußsohlen wahrnehmen und messen; sie versorgen uns mit Informationen über die Dichte und Struktur des Untergrunds, auf dem wir gerade stehen. Barfuß bei Sonnenuntergang auf einem glatt geschliffenen Gletscherfelsen am Meer zu stehen und an den Fußsohlen die Wärme des noch warmen Steines zu spüren, ist eine ausgesprochen heilsame Erfahrung, macht sie uns doch zu einem Teil des ewigen Kreislaufs der Natur. Wir können das langsame Atmen der Erde spüren.

»Finden wir nicht sogar in unseren Häusern Schlupfwinkel, wo wir uns gern zusammenkauern? Kauern gehört zur Phänomenologie des Wortes Wohnen. Mit Intensität wohnt nur, wer zu kauern versteht«, schreibt Bachelard.[114] »Und immer ist das Haus in unseren Träumen eine große Wiege.«[115]

Es gibt eine starke Übereinstimmung zwischen nackter Haut und dem Gefühl eines Zuhauses. Die Erfahrung, zu Hause zu sein, ist vor allem eine Erfahrung inniger Wärme. Der warme Platz am Kamin ist ein Bereich höchster Intimität und größten Wohlgefühls. Marcel Proust beschreibt diesen Platz und seine Erfahrung durch die Haut poetisch als »eine Art von ungreifbarem Alkoven, eine warme Enklave innerhalb des Raumes, eine heiße Zone mit veränderlichen thermischen Konturen, durch die von Zeit zu Zeit ein Luftzug weht [...].«[116] Das Gefühl der Heimkehr habe ich niemals stärker als in meiner Kindheit erfahren, wenn ich abends noch draußen in der Schneelandschaft ein Licht im Fenster meines Elternhauses brennen sah und mir allein schon der Gedanke an sein Inneres sanft meine eisigen Glieder erwärmte. Das Heim und ein behagliches Gefühl auf der Haut verschmelzen zu einer einzigen Empfindung.

Der Geschmack der Steine

Adrian Stokes ging in seinen Schriften besonders auf den Bereich taktiler und oraler Empfindungen ein: »Indem ich ›rau‹ und ›glatt‹ zu den zwei Grundbegriffen eines dichotomen

Architekturverständnisses erkläre, kann ich auch alle anderen Begriffe des Oralen und Taktilen besser beibehalten, auf die sich das visuelle Verständnis stützt. Augen können eine Art von Hunger verspüren, denn zweifellos ist der Sehsinn, ebenso wie der Tastsinn, einmal vom alles umfassenden Impuls des Oralen durchdrungen worden.«[117] Stokes schreibt auch über die »orale Einladung des Veroneser Marmors«[118] und zitiert hierzu aus einem Brief John Ruskins: »Ich möchte dieses Verona am liebsten verschlingen, einen Stein nach dem anderen.«[119]

Zwischen Tast- und Geschmackserfahrungen findet ein subtiler Austausch statt. Das Visuelle wird auch in den Geschmack übertragen; bestimmte Farben und Details rufen orale Empfindungen hervor. Die farbige Oberfläche eines fein polierten Steins wird unbewusst auch von der Zunge wahrgenommen. Unsere sinnliche Erfahrung der Welt ist aus Empfindungen entstanden, die im Inneren unseres Mundes stattfinden; und die Welt scheint zu ihren oralen Ursprüngen zurückkehren zu wollen. Ebenso liegt auch der archaische Ursprung des architektonischen Raumes in der Höhle des Mundes.

Als ich vor vielen Jahren einmal das Haus besuchte, das Charles und Henry Greene für D. L. James in Carmel, Kalifornien, entworfen haben, fühlte ich auf einmal das Bedürfnis, niederzuknien und den weiß schimmernden Marmor der Türschwelle mit meiner Zunge zu berühren. Auch die Architektur Carlo Scarpas mit ihren feinen Materialien und sorgsam ausgeführten Details oder die sensible Farbgestaltung der Häuser Luis Barragáns bewirken häufig orale Erfahrungen. Die fein geäderte Glätte des *Stucco lustro* oder hochglanzpolierte Farb- und Holzoberflächen scheinen wie für die Zunge gemacht.

Tanizaki Jun'ichirō beschreibt auf beeindruckende Weise, über welche räumlichen Qualitäten der Geschmackssinn verfügt und wie subtil unsere Sinne miteinander interagieren, selbst wenn es nur darum geht, den Deckel von einer einfachen Suppenschale zu lüften:

> Unvergleichlich ist dagegen bei der Lackschale die kurze Zeitspanne vom Abnehmen des Deckels bis zum Ansetzen der Schale an den Mund, wenn am dunklen, tief hinabführenden Schalengrund die kaum von der Lackfarbe zu unterscheidende, lautlos dahindämmernde Flüssigkeit sich dem Auge darbietet. Man kann nicht erkennen, was das Dunkel der Schale in sich birgt, aber man fühlt auf der Hand das sanfte Schwanken der Brühe, man bemerkt, wie sich am Rand ein feiner Dunst niedergeschlagen hat und von da her der Dampf aufsteigt, man ahnt aus dem Geruch dieses Dampfes andeutungsweise den Geschmack […] Man geht kaum zu weit mit der Behauptung, es sei darin eine Art von Mystik, ein Anstrich von Zen enthalten.[120]

Ein gelungener architektonischer Raum öffnet und präsentiert sich unserer Erfahrung mit der gleichen Fülle und Intensität wie Tanizakis Suppenschale. Architekturerfahrungen bringen die Welt in engsten Kontakt mit unserem Körper.

Bilder in Muskeln und Knochen

Der primitive Mensch benutzte seinen eigenen Körper als Maßsystem, um die Dimensionen und Proportionen seiner Konstruktionen zu bestimmen. Alle wesentlichen Fertigkeiten, derer es zum Leben bedarf, basieren in traditionellen Kulturen auf der Weisheit des Körpers und werden im haptischen Gedächtnis bewahrt. Das elementare Wissen und Geschick der alten Jäger, Fischer und Bauern ebenso wie der Steinhauer und Steinmetze war immer nur eine Imitation der handwerklichen Traditionen, die in den Muskeln und im Tastsinn gespeichert waren. Handwerkliche Fertigkeiten wurden nicht mit Hilfe von Worten oder Theorie erworben, sondern indem tradierte Bewegungsabläufe mit dem Körper einstudiert wurden.

Der Körper verfügt über Wissen und Erinnerung. Ihre eigentliche Bedeutung erhält Architektur erst durch Reaktionen unseres Körpers und seiner Sinne, die seit archaischen Zeiten in dieser Erinnerung gespeichert sind. Architektur muss auf urgeschichtliche Verhaltensmuster reagieren, welche in unseren Genen gespeichert sind und weitervererbt werden. Architektur darf nicht nur Antworten finden für die funktionalen, intellektuellen und sozialen Bedürfnisse des heutigen Stadtbewohners; sie muss sich auch des steinzeitlichen Jägers und primitiven Bauern erinnern, die verborgen in unserem Körper fortleben. Unsere Bedürfnisse nach Komfort, nach Schutz, nach einem Heim lassen sich alle zurückverfolgen auf frühzeitliche Erfahrungen unzähliger Generationen vor uns. Bachelard bezeichnet diese als »Bilder, die in uns ein Gefühl für Ursprünglichkeit wecken« oder als »erste Bilder.«[121] Über die Bedeutung körperlicher Erinnerungen schreibt er:

> Mit dem Haus, in dem wir geboren wurden, hat sich uns eine Hierarchie der verschiedenen Funktionen des Wohnens eingeprägt. Wir sind das Diagramm der Wohnfunktionen, jenes Haus und alle anderen Häuser sind nur Variationen eines fundamentalen Themas. Das Wort Gewohnheit wird allzu häufig gebraucht, um diese passionierte Bindung unseres Körpers, der nicht vergisst, an das unvergessliche Haus zu bezeichnen.[122]

Die Architekten der Moderne waren sich der überwiegend visuellen Natur ihrer Entwürfe durchaus bewusst. »Die Architektur des Außen scheint die Architekten der Avantgarde mehr interessiert zu haben als die Architektur des Innen. So als ob ein Haus lediglich dafür konzipiert wäre, das Auge zu erfreuen, und nicht dafür, zum Wohlbefinden seiner Bewohner beizutragen«, schreibt Eileen Gray,[123] deren Gestaltungskonzepte sich eher von minutiösen Alltagsstudien herzuleiten schienen als von vorgefassten visuellen Kompositionsideen.

Architektur kann jedoch kaum zu einem rein funktionalen Instrument für körperlichen Komfort und sinnliches Wohlgefallen werden, ohne ihre existenzielle Vermittlerrolle aus den Augen zu verlieren. Sie muss sich eine gewisse Distanz, ein Widerstands- und Spannungsverhältnis in Bezug auf Raumprogramme, Funktionsanforderungen und Komfort bewahren. Architektur sollte es vermeiden, ihre rationalen und zweckorientierten Motive transparent zu machen; sie muss ihr undurchdringliches, rätselhaftes Geheimnis für sich behalten, um unsere Vorstellungen und Gefühle anregen zu können.

Tadao Ando hat einmal gesagt, dass er in seinem Werk eine gewisse Spannung oder einen Gegensatz zwischen Funktionalität und Nichtzweckmäßigkeit anstrebe: »Ich glaube, dass Architektur von jeder weiteren funktionalen Aufgabe entbunden werden kann, sobald ich feststelle, dass ihre Basisfunktion gewährleistet ist. Mit anderen Worten, ich schaue mir an, bis zu welchem Punkt Architektur unbedingt funktional sein muss, und dann, wenn dieser Punkt einmal erreicht ist, wie weit sie sich wieder von ihrer Funktionalität entfernen kann. Die Bedeutung der Architektur ergibt sich aus der Distanz zwischen ihr und ihrer Funktion.«[124]

Bilder von Handlung und Wirkung

Trittsteine in der Rasenfläche eines Gartens sind wie Bilder oder Abdrücke von Schritten. Wenn wir eine Tür öffnen, trifft unser Körpergewicht auf das Gewicht der Tür, und unsere Beine vermessen schrittweise die Stufen, wenn wir eine Treppe hinaufsteigen, unsere Hand das Geländer entlanggleitet und sich der ganze Körper in einer dramatischen Diagonale durch den Raum bewegt.

19

20

SEHEN UND GREIFEN

19
Sehen hat auch eine taktile Seite.

Die buddhistische Göttin Tara besitzt
fünf zusätzliche Augen, an der Stirn und
an ihren Händen und Füßen. Sie gelten
als Zeichen der Erleuchtung. Bronze-
figur aus der Mongolei, 15. Jahrhundert.

20
Der Türgriff ist der Händedruck eines
Gebäudes. Er kann einladend und zu-
vorkommend sein, oder scharf und zu-
rückweisend.

Alvar Aalto, Bürogebäude Rautatalo (Ei-
senhaus), Helsinki, 1951–55. Türgriffe.

Bilder der Architektur weisen auf eine inhärente Handlungs- und Wirkungsmöglichkeit hin, sie beinhalten die Möglichkeit aktiver Begegnung und geben ein »Versprechen von Funktion«[125] und Zweck. »Die Gegenstände, welche meinen Körper umgeben, reflektieren die mögliche Wirkung meines Körpers auf sie«, schreibt Henri Bergson.[126] Es ist die Handlungs- und Wirkungsmöglichkeit, welche Architektur von anderen Kunstformen unterscheidet. Diese implizierte Handlung oder Wirkung zieht Körperreaktionen nach sich, die ein wesentlicher Aspekt der Architekturerfahrung sind. Sinnvolle Architekturerfahrung kann nicht nur aus einer Reihe retinaler Bilder bestehen. Die Elemente der Architektur sind nicht nur visuelle Einheiten oder Gestaltformen; sie sind Begegnungen, Konfrontationen im Austausch mit unserer Erinnerung. »Bei dieser Art von Erinnerung wird Vergangenes durch Handlungen verkörpert. Anstatt irgendwo separat im Denken oder Gehirn aufbewahrt zu sein, ist Erinnerung ein aktiver Bestandteil körperlicher Bewegungen, aus denen eine bestimmte Handlung besteht«, schreibt Edward Casey über das Zusammenspiel von Erinnerung und Handlung.[127]

Die Erfahrung eines Zuhauses definiert sich über bestimmte Aktivitäten – wie Kochen, Essen, Gemeinschaftsleben, Lesen, Aufbewahren, Schlafen und intime Handlungen –, nicht aber durch visuelle Elemente. Einem Gebäude begegnen wir und nähern uns ihm an, konfrontieren uns mit ihm, setzen es zu unserem Körper in Beziehung, durchqueren es und gebrauchen es als Grundlage für weitere Aktivitäten. Architektur initiiert, steuert und organisiert Verhalten und Bewegung.

Ein Gebäude ist kein Selbstzweck, es stellt einen Rahmen bereit. Es formuliert und gliedert, verleiht Bedeutung, setzt in Beziehung, trennt und vereint, ermöglicht und verhindert. Daher lassen sich architektonische Grunderfahrungen eher in der Verbform als mit Substantiven beschreiben. Authentische Architekturerfahrung bedeutet dann zum Beispiel: die leibhaftige Begegnung mit einem Gebäude anstatt der formalen Erscheinung seiner Fassade, den Akt des Eintretens statt der visuellen Gestaltung der Tür, den Blick durchs Fenster statt dessen materieller Beschaffenheit oder das Gefühl der Wärme auf der Haut statt der Gestaltung des Kamins. Architektonischer Raum ist nicht nur physischer Raum, sondern belebter Raum, der Geometrie und Messbarkeit transzendiert.

In einer Analyse von Fra Angelicos *Verkündigung* in dem bezaubernden Essay »Von der Türschwelle zum Gemeinschaftsraum« (1926) betont Alvar Aalto die *Verb-Eigenschaft* (verb-essence) von Architekturerfahrung, indem er über den Akt des *Eintretens* spricht, und nicht über die malerische Ausgestaltung des Raums oder seiner Tür.[128]

Die Architekturtheorie und Architekturkritik der Moderne haben Raum meist als ein immaterielles Objekt verstanden, das sich durch seine materiellen Oberflächen definiert, anstatt Raum als ein Produkt dynamischer Interaktionen und Wechselbeziehungen zu begreifen. Das japanische Denken basiert hingegen ganz auf einem relationalen Raumverständnis. Die darin verkörperte Einheit von Raum und Zeit beschreibt Professor Fred Thompson in seinem Aufsatz über das Bewusstseinsphänomen des *Ma*.[129] In Anerkennung der Verb-Eigenschaft von Architekturerfahrungen verwendet er dabei die Begriffe »räumliche Anpassung« anstelle von »Raum« und »zeitliche Anpassung« anstelle von »Zeit«. Jeder einzelnen Architekturerfahrung wird so ein passendes Gerundium oder substantiviertes Verb zugeordnet.

Identifikation mit dem Körper

Wie authentisch eine Architekturerfahrung ist, hängt von der Tektonik eines Gebäudes ab und davon, wie gut unsere Sinne dessen Konstruktionsweise nachvollziehen können.

Wir betrachten, berühren, hören und bemessen die Welt mit unserer gesamten körperlichen Existenz; unser Körper steht im Zentrum einer Erfahrungswelt, die ihn mit ihren Ordnungen und Strukturen umgibt. Unser Haus ist der Zufluchtsort unseres Körpers, unserer Erinnerung und unserer Identität. Wir interagieren ständig in einem Ausmaß mit unserer Umgebung, das es unmöglich erscheinen lässt, das Bild des Selbst von seiner räumlichen und situationsbedingten Existenz zu trennen. »Ich bin mein Leib«, behauptet Gabriel Marcel,[130] aber auch »Ich bin der Raum, wo ich bin«, wie der Dichter Noël Arnaud schreibt.[131]

Henry Moore beschreibt mit großer Anschaulichkeit, wie wichtig die Identifikation mit dem Körper für den künstlerischen Schaffensprozess ist:

> Dies muss der Bildhauer tun: Er muss bestrebt sein, Formen ständig in ihrer vollen räumlichen Ganzheit zu denken und zu gebrauchen. Er hat die feste Form gewissermaßen im Kopf – er denkt an sie, wie groß sie auch immer sein mag, als halte er sie vollständig im Hohlraum seiner Hand. Er visualisiert eine komplexe Form im Geist von allen Seiten; er weiß, wenn er eine Seite ansieht, wie die andere aussieht; er identifiziert sich selbst mit ihrem Schwerpunkt, ihrer Masse, ihrem Gewicht; er begreift ihr Volumen als den Raum, den die Form in der Luft verdrängt.[132]

Die Begegnung mit Kunst, gleich welcher Art, bedeutet auch immer körperliche Interaktion. Der Maler Graham Sutherland beschreibt seine Sicht der künstlerischen Arbeit so: »In gewissem Sinne muss der Landschaftsmaler die Landschaft so betrachten, als wäre sie er selbst – er selbst als menschliches Wesen.«[133] Und Cézanne meint: »Die Landschaft denkt sich in mir, ich bin ihr Bewusstsein.«[134] Ein Kunstwerk wirkt wie eine andere Person, mit der wir uns unbewusst unterhalten. Konfrontiert mit einem Kunstwerk, projizieren wir alle unsere Emotionen und Empfindungen in es hinein. Ein

21

22

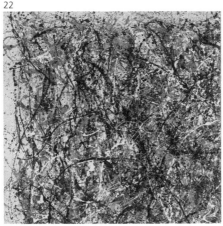

PERIPHERES SEHEN UND INNERES RAUMEMPFINDEN

21
Der Wald umschließt uns mit seiner multisensorischen Umgebung. Die peripheren Stimuli sind so zahlreich und wirkungsvoll, dass wir durch sie in seinen Innenraum hineingezogen werden.

Finnischer Kiefernwald in der Nähe von Alvar Aaltos Villa Mairea in Noormarkku.

22
Großer Maßstab und spezielle Maltechniken sind die peripheren Stimuli, mit denen uns der amerikanische Expressionismus zum Eintritt in seine Bildräume bewegen will.

Jackson Pollock, *One: Number 31*, 1950.

wundersamer Austausch findet statt: Wir leihen dem Werk unsere Gefühle, und das Werk leiht uns dafür seine Aura und Macht. Manchmal treffen wir in einem Kunstwerk auch auf uns selbst. Melanie Kleins Begriff der »projektiven Identifizierung« legt nahe, dass tatsächlich bei jeder Art von menschlichem Austausch Fragmente des eigenen Selbst auf die andere Person projiziert werden.[135]

Mimesis des Körpers

Ein großer Musiker spielt nicht sein Instrument, sondern immer nur sich selbst. Ein begabter Fußballspieler spielt mit dem ganzen Wesen seiner selbst und dem der anderen Spieler, er hat das Spielfeld verinnerlicht und gleichsam zum Teil seines eigenen Körpers gemacht; er tritt nicht nur einfach gegen den Ball. »Der Spieler findet seinen Weg zum Tor nicht dadurch, dass er ihn kennt, sondern ihn lebt. Nicht sein Geist ist auf dem Spielfeld zu Hause, sondern sein ›wissender‹ Körper«, schreibt Richard Lang in einer Erläuterung zu Merleau-Pontys Ansichten über fußballerisches Können.[136]

Auf ähnliche Weise verinnerlicht auch der Architekt während des Gestaltungsprozesses nach und nach die Landschaft, den Gesamtkontext und die funktionalen Erfordernisse und schließlich den Gebäudeentwurf selbst: Bewegung, Gleichgewicht und Maßstab werden unbewusst über Muskelsystem und Skelett als Körperspannungen erlebt, die sich bis in die inneren Organe hinein fortsetzen können. Da das Werk mit dem Körper des Betrachters interagiert, reflektiert dessen Erfahrung auch die körperlichen Empfindungen seines Schöpfers. Folglich ist Architektur Kommunikation, ein wechselseitiger Austausch, der direkt zwischen dem Körper des Architekten und dem Körper derjenigen Person stattfindet, die seinem Werk begegnet, selbst Jahrhunderte später.

Einen architektonischen Maßstab zu verstehen bedeutet, ein Objekt oder Gebäude unbewusst mit unserem eigenen

Körpermaß zu vergleichen und unser Körperschema in den betreffenden Raum zu projizieren. Wir fühlen uns wohl und beschützt, sobald unser Körper entdeckt, dass er im Raum Resonanz erfährt. Nehmen wir eine Struktur wahr, ahmen wir unbewusst ihr Ordnungssystem mit Hilfe unserer Knochen und Muskeln nach: Das angenehm bewegte Spiel eines Musikstücks wird unbewusst in körperliche Empfindungen übertragen, die Komposition eines abstrakten Gemäldes wird über Muskelspannungen erfahrbar, und die Strukturen eines Gebäudes werden unbewusst von unserem Knochensystem nachgeahmt und nachvollzogen. Ohne es zu wissen, verrichten wir mit Hilfe unseres Körpers die Aufgaben einer Säule oder eines Gewölbes. »Der Ziegelstein möchte zum Bogen werden«, sagte Louis Kahn, und diese Metamorphose wird erreicht durch die mimetische Fähigkeit unseres Körpers.[137]

Der Sinn für die Schwere gehört zum Wesen des Bauens, und große Architektur macht uns immer die irdische Schwerkraft bewusst. Architektur stärkt die Erfahrung der vertikalen Dimension der Welt. Sie macht uns die Tiefe der Erde bewusst, und gleichzeitig lässt sie uns davon träumen, zu schweben und zu fliegen.

Räume der Erinnerung und Imagination

Wir verfügen über die angeborene Fähigkeit, uns an Orte zurückzuerinnern oder sie uns vorzustellen. Wahrnehmung, Erinnerung und Imagination stehen in ständigem Austausch miteinander; die Gegenwart verschmilzt zu Bildern der Erinnerung und Fantasie. Fortwährend sind wir dabei, eine gigantische Stadt der Erinnerung in uns wachzurufen, in der alle Städte, die wir je besucht haben, zu einer einzigen Fantasiemetropole vereint sind.

Literatur und Film würden ihre große Zauberkraft verlieren, könnten wir nicht auch die Räume *betreten*, die in unserer Erinnerung oder Vorstellung existieren. Die Plätze und Orte, an die uns ein Kunstwerk führen kann, sind durchaus real, was ihre Erfahrung betrifft. »Jenen gelben Riss am Himmel über Golgatha hat Tintoretto nicht gewählt, um die Angst zu versinnbildlichen, noch, um sie hervorzurufen; er *ist* Angst und gelber Himmel zugleich. Weder Himmel der Angst noch verängstigter Himmel; er ist eine Ding gewordene Angst, eine, die zu einem gelben Riss am Himmel geworden ist«, schreibt Sartre.[138] Ähnlich arbeitet die Architektur Michelangelos auch nicht mit Symbolen der Trauer und Melancholie; seine Gebäude trauern tatsächlich. In der Kunsterfahrung findet ein wundersamer Austausch statt: Das Werk projiziert seine Aura auf uns, und wir projizieren unsere eigenen Wahrnehmungen und Gefühle auf das Werk. Die Melancholie in Michelangelos Architektur ist im Grunde beim Betrachter das Empfinden der eigenen Melancholie, die durch die große Wirkkraft des Werks noch einmal wachgerufen wird. Auf geheimnisvolle Weise begegnen wir in Michelangelos Werken daher uns selbst.

Die Erinnerung versetzt uns in Städte der Vergangenheit, und Romane begleiten uns durch Städte, die erst durch die Magie des Wortes entstehen. Bei einem großen Schriftsteller erscheinen die Räume, Plätze und Straßen genauso lebendig wie diejenigen, die wir selbst besucht haben; die unsichtbaren Städte Italo Calvinos haben die Weltkarte der Städte für immer bereichert. In der Montage von Hitchcocks *Vertigo* entfaltet sich die ganze Vielfalt der Stadt San Francisco; in den Fußstapfen des Protagonisten *betreten* wir verwunschene Häuser und können sie durch seine Augen betrachten. Dank Dostojewskis literarischer Beschwörungen *werden* wir tatsächlich zu Bürgern Sankt Petersburgs in der Mitte des 19. Jahrhunderts: Wir *sind* in dem Zimmer, wenn Raskolnikow seinen Doppelmord begeht. Wir *sind* auch unter den Zuschauern, wenn Mikolka und seine betrunkenen Freunde ein Pferd zu Tode peitschen – und wir *sind* frustriert über unsere Unfähigkeit, diese wahnsinnige und sinnlose Grausamkeit zu verhindern.

Obwohl die Städte im Film nur aus flüchtigen Fragmenten zusammengesetzt sind, können sie uns doch mit der ganzen Vitalität realer Städte umgeben. Die Straßen auf herausragenden Gemälden scheinen an den Häuserecken nicht Halt zu machen, sondern sich jenseits des Bildrahmens fortzusetzen, wo sie dann im Unsichtbaren und in den Unwägbarkeiten des Lebens verschwinden. Sartre schreibt darüber: »[Der Maler] *macht* [Häuser], das heißt, er schafft ein imaginäres Haus auf der Leinwand und nicht das Zeichen eines Hauses. Und das Haus, das so erscheint, bewahrt die ganze Vieldeutigkeit realer Häuser.«[139]

Es gibt Städte, die in der Erinnerung immer nur ferne Bilder bleiben, und andere, die mit ihrer ganzen Lebendigkeit wiedererstehen. Die Stadt, die wir in angenehmer Erinnerung haben, können wir immer aufs Neue mit all ihren Geräuschen, Gerüchen und Licht- und Schattenunterschieden erleben. Ich kann mir bei ihr sogar aussuchen, ob ich lieber auf der sonnigen oder der schattigen Straßenseite gehen möchte. Der wahre Maßstab aber für ihre imaginativen Qualitäten ist, ob wir uns vorstellen können, uns in ihr zu verlieben.

Eine Architektur der Sinne

Verschiedene Architekturen lassen sich anhand der Sinnesarten unterscheiden, die sie vorwiegend ansprechen. Neben der vorherrschenden Architektur für das Auge existiert auch eine haptische Architektur für die Muskeln und die Haut. Andere Spielarten der Architektur wiederum sprechen die akustische Wahrnehmung an oder operieren mit Gerüchen oder Geschmack.

Die Architektur eines Le Corbusier oder Richard Meier etwa favorisiert eindeutig den Sehsinn, sei es durch visuelle Konfrontation oder als kinästhetisches Erlebnis in Form einer *promenade architecturale*. (Allerdings beziehen die späteren Werke Le Corbusiers verstärkt taktile Erfahrungen mit

23

24

LEBENSSTEIGERNDE ARCHITEKTUR DER SINNE

23
Eine Architektur von großer formaler Zurückhaltung, die mit ihrem außergewöhnlichen sinnlichen Reichtum alle Sinne gleichzeitig anspricht.

Peter Zumthor, Therme in Vals, Graubünden, 1990–96.

24
Eine Architektur, die ebenso unseren Bewegungs- und Tastsinn wie unser Auge anspricht und dadurch eine einladende häusliche Atmosphäre schafft.

Alvar Aalto, Villa Mairea, Noormarkku, 1938–39. Eingangshalle, Wohnzimmer und Haupttreppe.

ein, indem sie Materialität und Gewicht eine wichtigere Rolle einräumen.) Expressionistisch orientierte Architekten wie Erich Mendelsohn und Hans Scharoun bevorzugen hingegen organische und haptische Formen; sie unterdrücken in ihren Bauten die Dominanz des Auges und der Zentralperspektive. Die Architektur Frank Lloyd Wrights und Alvar Aaltos wiederum erkennt die Körperhaftigkeit des menschlichen Seins und seiner vielen unbewussten Instinktreaktionen in vollem Umfang an. In der zeitgenössischen Architektur schließlich wird die Mannigfaltigkeit sinnlicher Erfahrungen beispielsweise in den Arbeiten von Glenn Murcutt, Steven Holl und Peter Zumthor besonders betont.

Alvar Aalto richtete sich mit seiner Architektur bewusst an alle unsere Sinne. Besonders deutlich wird dies, wenn er erläutert, auf welche sinnlichen Wirkungen sein Möbeldesign abzielt: »Ein Möbelstück, das Teil unserer täglichen Umgebung ist, sollte nicht übermäßig das Licht reflektieren oder uns gar blenden: das Gleiche gilt auch für das Ausmaß seiner Geräuschentwicklung und -absorption etc. Ein Möbelstück, das mit dem Menschen in engste Berührung kommt, wie z. B. ein Stuhl, sollte nicht gerade aus Materialien gefertigt sein, die extrem gute Wärmeleiter sind.«[140] Ganz offensichtlich war Aalto mehr an dem Zusammentreffen von Objekt und Körper interessiert als an einer ausschließlich visuellen Ästhetik.

Die Architektur Alvar Aaltos wirkt dank ihrer haptischen und organisch-muskulären Eigenschaften ungemein präsent. Sie enthält Verschiebungen, aufeinander stoßende Schrägen, verschiedene Rhythmen und Unregelmäßigkeiten, um im Körper organisch-muskuläre und haptische Erfahrungen hervorzurufen. Seine sorgfältig ausgeführten Oberflächenstrukturen und Details, von Händen für Hände gemacht, wirken einladend auf den Tastsinn und schaffen eine warme und intime Atmosphäre. Im Gegensatz zur Körperlosigkeit einer vom kartesianischen Idealismus geprägten Schauarchitektur basiert Aaltos Architektur auf einem Realismus, der von sinnlichen Erfahrungen durchdrungen ist. Seine Gebäude beruhen keineswegs nur auf einem einzigen Plan oder einer einzelnen dominierenden ›Gestalt‹, vielmehr sind sie Verdichtungen verschiedenster Eindrücke und Wahrnehmungen. Auch wenn sie als Zeichnungen bisweilen sogar unbeholfen oder unentschlossen erscheinen mögen, lassen sich seine Gebäude doch erst dann angemessen beurteilen, wenn sie als wirkliche Körper mit dem wirklichen Raum zusammentreffen, »mit dem Fleisch« der Lebenswelt. Als bloße Konstrukte einer idealisierten Vorstellung würde man sie gänzlich missverstehen.

Der Auftrag der Architektur

Die zeitlose Aufgabe der Architektur ist es, existenzielle Metaphern zu schaffen, die unser Leben verkörpern, indem sie unserem In-der-Welt-Sein eine konkrete Form und Struktur verleihen. Architektur reflektiert, materialisiert und verewigt Ideen und Vorstellungen eines idealen Lebens. Gebäude und Städte erlauben uns, eine formlose Wirklichkeit zu gliedern, zu verstehen und zu erinnern – und letztlich zu erkennen, wer wir sind. Durch Architektur lernen wir, die Dialektik von Dauer und Wandel wahrzunehmen und zu verstehen; sie befähigt uns, uns in der Welt einzurichten und im Kontinuum von Zeit und Kultur unseren eigenen Platz zu finden.

Architektur repräsentiert und strukturiert, in der ihr eigenen Weise, Kräfte und Handlungen, gesellschaftliche und kulturelle Ordnung, Trennung und Austausch, Identität und Erinnerung und befasst sich dadurch mit den fundamentalen Fragen unserer Existenz. Jede Erfahrung ist mit einem Akt des Sich-Sammelns, des Erinnerns und des Vergleichens verbunden. Einen Raum oder einen Ort erinnern zu können, setzt vor allem voraus, dass die Erinnerung im Körper gespeichert wird. So übertragen wir alle Städte und Dörfer, die wir besucht haben, und alle Orte, die wir wiedererkannt haben, in Erinnerungen, die wir im Körper tragen. Unser Haus wird Teil unserer Identität, es wird Teil unseres eigenen Körpers und Seins.

In Architekturerfahrungen, die uns für immer unvergesslich bleiben, verschmelzen Raum, Materie und Zeit zu einer einzigen Dimension, zu der Grundsubstanz des Seins, welche in unser Bewusstsein eindringt. Wir identifizieren uns mit diesem Raum, diesem Ort und diesem einen Moment, und alle diese Dimensionen werden zu Bestandteilen unserer eigenen Existenz. Architektur ist die Kunst, uns mit der Welt zu versöhnen, eine Art von Meditation, die durch unsere Sinne stattfindet.

Frank Lloyd Wright fasste 1954, im Alter von 85 Jahren, die geistige Aufgabe der Architektur mit folgenden Worten zusammen:

> Für die heutige Architektur erscheint genau das am notwendigsten, was auch im Leben am notwendigsten ist: *Integrität*. Ebenso wie bei einem menschlichen Wesen ist sie auch bei einem Gebäude die wichtigste Eigenschaft […] Wenn es uns gelingt, dann werden wir der moralischen Natur – der Seele – unserer demokratischen Gesellschaft einen großen Dienst erwiesen haben […] Setz dich ein für *Integrität* in deinem Gebäude, und du stehst nicht nur für Integrität im Leben derer, die das Gebäude beauftragt und errichtet haben, sondern auch in sozialer Hinsicht wird dann eine gegenseitige Beziehung unvermeidbar sein.[141]

Diese emphatische Erklärung zum großen Auftrag der Architektur erscheint heute noch dringlicher als zur Zeit ihrer Niederschrift vor mehr als einem halben Jahrhundert. Sie fordert uns auf, die Natur des Menschen in seiner Gänze zu verstehen.

ANMERKUNGEN

Vorwort

1   Maurice Merleau-Ponty, *Das Sichtbare und das Unsichtbare*,
    Fink Verlag (München), 1986, S. 195.

Einleitung

1   James Turrell, »Plato's Cave and Light Within«, in: *Elephant
    and Butterfly: Permanence and Change in Architecture*,
    herausgegeben von Mikko Heikkinen, 9. Alvar Aalto Symposium
    (Jyväskylä), 2003, S. 144.

2   Ashley Montagu, *Touching: The Human Significance of the Skin*,
    Harper & Row (New York), 1986, S. 3.

3   Ein von Johann Wolfgang von Goethe verwendeter Ausdruck, s.
    Ashley Montagu, S. 308.

4   Ludwig Wittgenstein, »Vermischte Bemerkungen«, in:
    Werkausgabe, Bd. 8, hrsg. v. Georg Henrik von Wright,
    Suhrkamp Verlag (Frankfurt a. M.), 1984, S. 472.

5   Siehe Anton Ehrenzweig, *The Psychoanalysis of Artistic Vision
    and Hearing: An Introduction to a Theory of Unconscious
    Perception*, Sheldon Press (London), 1975.

Die Augen der Haut

1   Johann Wolfgang von Goethe: »Römische Elegien V«, in:
    Goethes Werke, Bd. 1, Verlag C. H. Beck (München), 1982.

2   Friedrich Nietzsche: »Das andere Tanzlied, 1.«, in: *Also sprach
    Zarathustra*, Alfred Kröner Verlag (Leipzig), 1930, S. 249.

3   Richard Rorty, *Philosophy and the Mirror of Nature*, Princeton
    University Press (New Jersey), 1979, S. 239.

4   Jorge Luis Borges, *Selected Poems 1923–1967*, Penguin Books
    (London), 1985, wie gleichlautend zitiert in Sören Thurell, *The
    Shadow of a Thought – The Janus Concept in Architecture*,
    School of Architecture, The Royal Institute of Technology
    (Stockholm), 1989, S. 2. Hier Übersetzung des Originaltexts:
    Jorge Luis Borges, *Obra Poética 1923–1977*, Alianza (Madrid),
    1995, S. 21.

5   Zitiert in: Richard Kearney, »Maurice Merleau-Ponty«, in:
    Richard Kearney, *Modern Movements in European Philosophy*,
    Manchester University Press (Manchester und New York), 1994,

S. 82. Hier Übersetzung des Originaltexts: Maurice Merleau-Ponty, »Le langage indirect et les voies du silence« in: *Signes*, Gallimard (Paris), 1969, S. 70.

6   Heraklit, Fragment 101a, zitiert in: *Modernity and the Hegemony of Vision*, hrsg. v. David Michael Levin, University of California Press (Berkeley und Los Angeles), 1993, S. 1.

7   Plato, Timaeus, 47b, zitiert in: Martin Jay, *Downcast Eyes – The Denigration of Vision in Twentieth-Century French Thought*, University of California Press (Berkeley und Los Angeles), 1994, S. 27.

8   Georgia Warnke, »Ocularcentrism and Social Criticism«, in: Levin (1993), S. 287.

9   Thomas R. Flynn, »Foucault and the Eclipse of Vision«, in: Levin (1993), S. 274.

10   Peter Sloterdijk, *Kritik der zynischen Vernunft*, Suhrkamp Verlag (Frankfurt a. M.), 1983, NF 99, Bd. 1, S. 277–278.

11   Siehe Hinweis in: Steven Pack, »Discovering (Through) the Dark Interstice of Touch«, *History and Theory Graduate Studio 1992– 1994*, McGill School of Architecture (Montreal), 1994.

12   Levin (1993).

13   Ebd., S. 2.

14   Ebd., S. 3.

15   David Harvey, *The Condition of Postmodernity*, Blackwell (Cambridge), 1992, S. 327.

16   David Michael Levin, »Decline and Fall – Ocularcentrism in Heidegger's Reading of the History of Metaphysics«, in: Levin (1993), S. 205.

17   Ebd., S. 212.

18   Dalia Judovitz, »Vision, Representation, and Technology in Descartes«, in: Levin (1993), S. 71.

19   Levin (1993), S. 4.

20   Friedrich Nietzsche, »Nachgelassene Fragmente«, in: *Nachlaß 1887–1889*, hrsg. v. Giorgio Colli, Mazzino Montinari, dtv Deutscher Taschenbuch Verlag (München), 1999, S. 318.

21   Max Scheler, *Vom Umsturz der Werte*, 2. Bd., Der Neue Geist Verlag (Leipzig), 1919, S. 136.

22   Martin Jay, *Downcast Eyes – The Denigration of Vision in Twentieth-Century French Thought*, (1994).

23 Martin Jay, »A New Ontology of Sight«, in: Levin (1993), S. 149.

24 Zitiert in: Richard Kearney, »Jean-Paul Sartre«, in: Kearney, *Modern Movements in European Philosophy*, S. 63.

25 Jay (1994), S. 149.

26 Sigfried Giedion, *Space, Time and Architecture: The Growth of a New Tradition*, 5., durchgesehene und erweiterte Auflage, Harvard University Press (Cambridge), 1997. Deutsche Übersetzung: *Raum, Zeit, Architektur: Die Entstehung einer neuen Tradition*, Birkhäuser (Basel), 1992.

27 Martin Jay, »Scopic Regimes of Modernity«, in: *Vision and Visuality*, ed. Hal Foster, Bay Press (Seattle), 1988, S. 10.

28 Merleau-Ponty beschreibt den Begriff des Fleisches in »The Intertwining – The Chiasm« in: *The Visible and the Invisible*, hrsg. von Claude Lefort, Northwestern University Press (Evanston), 4. Aufl., 1992: »Mein Leib ist aus demselben Fleisch gemacht wie die Welt [...] dieses Fleisch meines Leibs ist Teil der Welt [...]«; und »Das Fleisch (der Welt und mein eigenes) ist [...] eine Struktur, die auf sich selbst zurückgeht und mit sich selbst übereinstimmt« (S. 146). Der Begriff resultiert aus Merleau-Pontys dialektischem Prinzip der Verflechtung der Welt mit dem Selbst. Er spricht auch von einer »Ontologie des Fleisches« als Schlussfolgerung aus der in seiner Frühzeit verfassten »Phänomenologie der Wahrnehmung«. Diese Ontologie besagt, dass Bedeutung gleichermaßen innen wie außen gewonnen wird und Bedeutung gleichermaßen subjektiv wie objektiv und ebenso geistig wie materiell ist. Siehe Richard Kearney, »Maurice Merleau-Ponty«, in: Kearney, *Modern Movements in European Philosophy*, S. 73–90.

29 Zitiert in: Hubert L. Dreyfus und Patricia Allen Dreyfus, »Translators' Introduction«, in: Maurice Merleau-Ponty, *Sense and Non-Sense*, Northwestern University Press (Evanston), 1964, S. XII.

30 Maurice Merleau-Ponty, »The Film and the New Psychology«, in: ebd., S. 48.

31 Italo Calvino, *Six Memos for the Next Millennium*, Vintage Books (New York), 1988, S. 57.

32 Martin Heidegger, »Die Zeit des Weltbildes« (1938) in: »Holzwege«, Bd. 5 der *Gesamtausgabe*, Vittorio Klostermann Verlag (Frankfurt a. M.), 1977.

33 Harvey in: *The Condition of Postmodernity*, S. 261–307.

34 Ebd., S. 293.

35 Zitiert in: ebd., S. 293.

36 Edward T. Hall, *The Hidden Dimension*, Doubleday (New York),
    1969. Deutsche Übers. *Die Sprache des Raumes*, Schwann
    (Düsseldorf), 1976.

37 Walter J. Ong, *Orality and Literacy – The Technologizing of
    the World*, Routledge (London and New York), 1991. Deutsche
    Übers. *Oralität und Literalität. Die Technologisierung des Wortes*,
    Westdeutscher Verlag (Opladen), 1987.

38 Ebd., S. 117.

39 Ebd., S. 121.

40 Ebd., S. 122.

41 Ebd., S. 12.

42 Zitiert in: Jay (1994), S. 34.

43 Zitiert in: ebd., S. 34–35.

44 Gaston Bachelard, *The Poetics of Space*, Beacon Press (Boston),
    1969, S. XII. Deutsche Übers. *Die Poetik des Raumes*, Carl
    Hanser Verlag (München), 1960, S.10.

45 Leon Battista Alberti, zitiert in: Levin (1993), S. 64.

46 Zitiert in: Jay (1994), S. 5.

47 Le Corbusier, *Precisions*, MIT Press (Cambridge, MA), 1991, S. 7.

48 Pierre-Alain Crosset, »Eyes Which See«, in: *Casabella*, 531–532
    (1987), S. 115.

49 Le Corbusier (1991), S. 231.

50 Ebd., S. 227.

51 Le Corbusier, *Towards a New Architecture*, Architectural Press
    (London) und Frederick A. Praeger (New York), 1959, S. 164.

52 Ebd., S. 191.

53 Walter Gropius, *Architektur: Wege zu einer optischen Kultur*,
    Fischer Verlag (Frankfurt und Hamburg), 1959, S. 20.

54 Zitiert in: Susan Sontag, *On Photography*, Penguin Books (New
    York), 1986, S. 96.

55 Le Corbusier (1959), S. 31.

56 Alvar Aalto, »Taide ja tekniikka« [Art and Technology], in: *Alvar
    Aalto: Luonnoksia* [Sketches], hrsg. v. Alvar Aalto und Göran
    Schildt, Otava (Helsinki), 1972, S. 87 (ins Engl. übers. v. Juhani
    Pallasmaa).

57 Zitiert in: Jay (1994), S. 19.

58 Harvey, S. 58.

59 Fredric Jameson, zitiert in: ebd., S. 58.

60 Levin (1993), S. 203.

61 Sontag, S. 7.

62 Ebd., S. 16.

63 Ebd., S. 24.

64 Gemäß einer Unterhaltung mit Professor Keijo Petäjä in den frühen 1980er-Jahren; Quelle unbekannt.

65 Hans Sedlmayr, *Verlust der Mitte,* Müller (Salzburg/Wien), 1948.

66 Maurice Merleau-Ponty, »Cezanne's Doubt«, in: Merleau-Ponty (1964), S. 19.

67 Jay, in: Foster (1988), S. 18.

68 Ebd., S. 16.

69 Ebd., S. 17.

70 David Michael Levin, *The Opening of Vision – Nihilism and the Postmodern Situation,* Routledge (New York und London), 1988, S. 440.

71 Ebd.

72 Ong, S. 136.

73 Montagu, S. XIII.

74 Zusammen mit seinen 800.000 Nervenfasern und 18-mal mehr Nervenenden als der Hörnerv ist der Sehnnerv in der Lage, eine unglaubliche Menge an Informationen ans Gehirn weiterzuleiten, und das mit einer Geschwindigkeit, welche die aller anderen Organe bei Weitem übertrifft. Jedes Auge besitzt etwa 120 Millionen Stäbchen, welche Informationen zu ungefähr fünfhundert verschiedenen Hell-Dunkel-Abstufungen aufnehmen können. Außerdem verfügt es noch über sieben Millionen Stäbchen, welche ihm ermöglichen, zwischen mehr als einer Million verschiedener Farben zu unterscheiden. Jay (1994), S. 6.

75 Kearney, *Modern Movements in European Philosophy,* S. 74.

76 Maurice Merleau-Ponty, *Phänomenologie der Wahrnehmung,* Walter de Gruyter (Berlin), 1966/1974, S. 239.

77 Ebd., S. 225.

78 Kent C. Bloomer und Charles W. Moore, *Body, Memory and Architecture*, Yale University Press (New Haven und London), 1977, S. 44. Deutsche Übers.: *Architektur für den »Einprägsamen Ort«: Überlegungen zu Körper, Erinnerung und Bauen*, Deutsche Verlags-Anstalt (Stuttgart), 1991.

79 Ebd., S. 105.

80 Ebd., S. 107.

81 Gaston Bachelard, *La Poétique de la Rêverie*, Presses universitaires de France (Paris), 1960, S. 6.

82 In Tierversuchen haben Wissenschaftler 17 verschiedene Arten nachgewiesen, in denen Organismen auf ihre Umwelt reagieren können. Jay (1994), S. 6.

83 Bloomer und Moore, S. 33.

84 Die auf Rudolf Steiners Sinneslehre gestützte Anthropologie und Psychologie unterscheidet zwölf verschiedene Sinne: Tastsinn; Lebenssinn; Bewegungssinn; Gleichgewichtssinn; Geruchssinn; Geschmackssinn; Sehsinn; Wärmesinn; Hörsinn; Sprachsinn; Gedankensinn und Ichsinn. Quelle: Albert Soesman, *Our Twelve Senses: Wellsprings of the Soul*, Hawthorn Press (Stroud, Glos.), 1998. Deutsche Übers.: *Die zwölf Sinne: Tore der Seele*, Freies Geistesleben (Stuttgart), 2011.

85 Zitiert in: Victor Burgin, »Perverse Space«, dort zitiert nach: *Sexuality and Space*, hrsg. v. Beatriz Colomina, Princeton Architectural Press (Princeton), 1992, S. 233.

86 Jay, zitiert in: Levin (1993).

87 Stephen Houlgate, »Vision, Reflection, and Openness – The ›Hegemony of Vision‹ from a Hegelian Point of View«, in: Levin (1993), S. 100.

88 Zitiert in: Houlgate, ibid. S. 100.

89 Zitiert in: Houlgate, ibid. S. 108.

90 Merleau-Ponty, *Das Auge und der Geist: philosophische Essays*, Felix Meiner Verlag (Hamburg), 2003, S. 12.

91 Zitiert in: Montagu, S. 308.

92 Siehe Verweis bei Montagu, ebd.

93 Le Corbusier, (1959), S. 11.

94 Gaston Bachelard, Poetik des Raumes, Fischer (Frankfurt a. M.), 2001, S. 33.

95 Okakura Kakuzō, *The Book of Tea*, Kodansha International (Tokyo

und New York), 1989, S. 83. Deutsche Übers.: *Das Buch vom Tee*, Insel Verlag (Berlin), 2002.

96 Edward S. Casey, *Remembering: A Phenomenological Study*, Indiana University Press (Bloomington und Indianapolis), 2000, S. 172.

97 Zitiert in: Judovitz, in: Levin (1993), S. 80.

98 Merleau-Ponty, *Das Auge und der Geist: philosophische Essays*, Felix Meiner Verlag (Hamburg), 2003, S. 278.

99 Le Corbusier (1959), S. 7.

100 Merleau-Ponty (2003), S. 18.

101 Tanizaki Jun'ichirō, *Lob des Schattens: Entwurf einer japanischen Ästhetik*, übers. von Eduard Klopfenstein, Manesse Verlag, (Zürich), 2010, S. 22.

102 Alejandro Ramirez Ugarte, »Interview with Luis Barragán« (1962), in: Enrique X de Anda Alanis, Luis Barragán: *Clásico del Silencio*, Collección Somosur (Bogota), 1989, S. 242.

103 Ong, S. 73.

104 Adrian Stokes, »Smooth and Rough«, in: The *Critical Writings of Adrian Stokes*, Volume II, Thames & Hudson (London), 1978, S. 245.

105 Steen Eiler Rasmussen, *Experiencing Architecture*, MIT Press (Cambridge), 1993. Deutsche Übers.: *Architektur – Erlebnis*, Krämer Verlag (Stuttgart), 1980.

106 Ebd., S. 225.

107 Karsten Harries, »Building and the terror of time«, in: *Perspecta: The Yale Architectural Journal* (New Haven), 19 (1982), S. 59–69.

108 Zitiert in: Emilio Ambasz, *The Architecture of Luis Barragán*, The Museum of Modern Art (New York), 1976, S. 108.

109 Gaston Bachelard, *Die Poetik des Raumes*, Hanser (München), 1960, S. 46.

110 Diane Ackerman, *A Natural History of the Senses*, Vintage Books (New York), 1991, S. 45.

111 Rainer Maria Rilke, »Die Aufzeichnungen des Malte Laurids Brigge«, in: *Gesammelte Werke*, Bd. IV, Insel-Verlag (Leipzig), 1927, S. 59.

112 Rainer Maria Rilke, *Auguste Rodin*, J. Bard (Berlin), 1907, S. 28–29.

113 Martin Heidegger, *Was heißt Denken?*, Max Niemeyer Verlag (Tübingen), 1961, S. 51.

114 Bachelard, S. 32.

115 Ebd., S. 39.

116 Marcel Proust, *Auf der Suche nach der Verlorenen Zeit*, Bd. 1, Suhrkamp Verlag (Frankfurt a. M.), 1997, S. 15.

117 Stokes, S. 243.

118 Quelle unbekannt.

119 Stokes, S. 316.

120 Tanizaki Jun'ichirō, *Lob des Schattens*, Manesse Verlag (Zürich), 1990, S. 14–15.

121 Hier übersetzt nach Original: Gaston Bachelard, *La Poétique de l'espace*, Presses universitaires de France (Paris), 1961, S. 93.

122 Gaston Bachelard, *Die Poetik des Raumes*, Hanser (München), 1960, S. 47.

123 »From Eclecticism to Doubt«, Gespräch zwischen Eileen Gray und Jean Badovici, in: *L'Architecture Vivante, 1923–33*, Automne & Hiver, 1929, zitiert in: Colin St John Wilson, *The Other Tradition of Modern Architecture*, Academy Editions (London), 1995, S. 112.

124 Tadao Ando, »The Emotionally Made Architectural Spaces of Tadao Ando«, zitiert in: Kenneth Frampton, »The Work of Tadao Ando«, *Tadao Ando*, hrsg. v. Yukio Futagawa, ADA Edita (Tokyo), 1987, S. 11.

125 So formulierte es Mitte des 19. Jahrhundert der amerikanische Bildhauer Horatio Greenough, der damit erstmalig die gegenseitige Abhängigkeit von Form und Funktion beschreiben wollte, welche später dann zur zentralen Formel des Funktionalismus wurde. Horatio Greenough, *Form and Function: Remarks on Art, Design and Architecture*, hrsg. v. Harold A. Small, University of California Press (Berkeley und Los Angeles), 1966.

126 Henri Bergson, *Materie und Gedächtnis: Eine Abhandlung über die Beziehung zwischen Körper und Geist*, Felix Meiner Verlag (Hamburg), 1991, S. 5.

127 Casey, S. 149.

128 Alvar Aalto, »From the Doorstep to the Common Room«, in: Göran Schildt, *Alvar Aalto: The Early Years*, Rizzoli International Publications (New York), 1984, S. 214–18.

129 Fred und Barbro Thompson, »Unity of Time and Space«, *Arkkitehti 2* (Helsinki), 1981, S. 68–70.

130 Zitiert in: »Translators' Introduction« von Hubert L. Dreyfus und Patricia Allen Dreyfus in: Merleau-Ponty (1964), S. XII.

131 Gaston Bachelard, *Die Poetik des Raumes*, Hanser (München), 1960, S. 166.

132 Henry Moore in: *Kunst des 20. Jahrhunderts*, Bd. II, Taschen Verlag (Köln), 2005, S. 482.

133 Henry Moore, »The Sculptor Speaks«, in: *Henry Moore on Sculpture*, hrsg. v. Philip James, MacDonald (London), 1966, S. 79.

134 Maurice Merleau-Ponty, *Das Auge und der Geist: philosophische Essays*, Felix Meiner Verlag (Hamburg), 2003, S. 15.

135 Ein Begriff der österreichisch-britischen Psychoanalytikerin Melanie Klein. S. a.: Hanna Segal, *Melanie Klein*, The Viking Press (New York), 1979.

136 Richard Lang, »The dwelling door: Towards a phenomenology of transition«, in: David Seamon und Robert Mugerauer, *Dwelling, Place and Environment*, Columbia University Press (New York), 1982, S. 202.

137 Louis I. Kahn, »I Love Beginnings«, in: *Louis I. Kahn: Writings, Lectures, Interviews*, hrsg. v. Alessandra Latour, Rizzoli International Publications (New York), 1991, S. 288.

138 Jean-Paul Sartre, *Qu'est-ce que la littérature?*, Gallimard (Paris), 1985, S. 15.

139 Ebd., S. 16.

140 Alvar Aalto, »Rationalism and Man«, in: Alvar Aalto: *Sketches*, hrsg. v. Alvar Aalto und Göran Schildt, Übersetzung ins Englische Stuart Wrede, MIT Press (Cambridge und London), 1978, S. 48.

141 Frank Lloyd Wright, »Integrity«, in: *The Natural House*, 1954. Veröffentlicht in: *Frank Lloyd Wright: Writings and Buildings*, ausgewählt von Edgar Kaufman und Ben Raeburn, Horizon Press (New York), 1960, S. 292–293.

INDEX

BILDNACHWEIS

1. urheberrechtsfrei.
2. Aito Mäkinin/ Finnisches Filmarchiv.
3. Dsiga Wertow/ The Museum of Modern Art, NY/ Scala, Florence.
4. © Stiftung Preußische Schlösser und Gärten, Berlin-Brandenburg.
5. Richard S. Zeisler Collection, New York.
6. Bayer © DACS 2005.
7. Corbusier © FLC/ ADAGP, Paris und DACS, London 2005.
8. Foto: Juhani Pallasmaa.
9. © Kuratorium des British Museum.
10. © Aulis Blomstedt Estate/ Severi Blomstedt.
11. Kunsthistorisches Museum mit MVK und ÖTM, Wien.
12. Foto: Juhani Pallasmaa.
13. Foto: David Heald.
14. Foto: Juhani Pallasmaa.
15. © Photothèques des Musées de la Ville de Paris/ Delepelaire.
16. © Jose Fuste Rage/ Corbis.
17. Musée du Louvre, Paris.
18. Finnisches Architekturmuseum/ Foto: István Rácz.
19. Staatliche Bibliothek, Ulan Bator, Mongolei.
20. Finnisches Architekturmuseum/ Foto: Heikki Havas.
21. Mairea Foundation/ Foto: Rauno Träskelin.
22. The Museum of Modern Art, New York/ Scala, Florenz.
23. © Hélène Binet.
24. Mairea Foundation/ Foto: Rauno Träskelin.

Lightning Source UK Ltd.
Milton Keynes UK
UKOW06f1859150616

276395UK00017B/389/P